新概念阅读书坊

GUWEN

ANSUO

# 探索

主编◎崔钟雷

XINGAINIANYUEDUSHUFANG

吉林美术出版社

**图书在版编目（CIP）数据**

古文明探索 / 崔钟雷主编 . —长春：吉林美术出版社，2011. 2（2023. 6 重印）
（新概念阅读书坊）
ISBN 978-7-5386-5223-9

Ⅰ . ①古 …　Ⅱ . ①崔…　Ⅲ . ①世界史：古代史：文化史 – 青少年读物Ⅳ . ① K10-49

中国版本图书馆 CIP 数据核字（2011）第 015270 号

# 古文明探索

GUWENMING TANSUO

出版人　华　鹏
策　划　钟　雷
主　编　崔钟雷
副主编　刘志远　杨　楠　于　佳
责任编辑　栾　云
开　本　700mm × 1000mm　1/16
印　张　10
字　数　120 千字
版　次　2011 年 2 月第 1 版
印　次　2023 年 6 月第 4 次印刷
出版发行　吉林美术出版社
地　址　长春市净月开发区福祉大路 5788 号
　　　　邮编：130118
网　址　www. jlmspress. com
印　刷　北京一鑫印务有限责任公司
书　号　ISBN 978-7-5386-5223-9
定　价　39. 80 元

# 前　言

书，是那寒冷冬日里一缕温暖的阳光；书，是那炎热夏日里一缕凉爽的清风；书，又是那醇美的香茗，令人回味无穷；书，还是那神圣的阶梯，引领人们不断攀登知识之巅；读一本好书，犹如畅饮琼浆玉露，沁人心脾；又如倾听天籁，余音绕梁。

从生机盎然的动植物王国到浩瀚广阔的宇宙空间；从人类古文明的起源探究到21世纪科技腾飞的信息化时代，人类五千年的发展历程积淀了宝贵的文化精粹。青少年是祖国的未来与希望，也是最需要接受全面的知识培养和熏陶的群体。“新概念阅读书坊”系列丛书本着这样的理念带领你一步步踏上那求知的阶梯，打开知识宝库的大门，去领略那五彩缤纷、气象万千的知识世界。

本丛书吸收了前人的成果，集百家之长于一身，是真正针对中国少年儿童的阅读习惯和认知规律而编著的科普类书籍。全面的内容、科学的体例、精美的制作，上千幅精美的图片为中国少年儿童打造出一所没有围墙的校园。

编　者

目 录

## 非洲文明



## 美洲文明

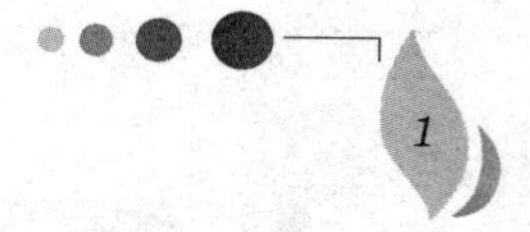

# 文明的总述

文明的内涵是指增进文化创造的社会秩序。经济供应、政治组织、伦理传统、知识与艺术的追求是其构成的四大因素。动乱在某种程度上会触发新文明的萌动，而动乱的终结也是新文明崭新的起点。当人们不再恐惧，好奇心与创造力不再受约束时，自然会产生了解生活、改善生活的渴望。

形成文明的先决条件很多，它们可能促进文明的发展，更可能阻碍文明的进步。首先是地质条件。文明在冰河时代的中间期形成：融化的冰河水流汹涌而来，夹杂着硬石坚冰，毁坏了人们的劳动成果，使人们的生存空间被局限于地球一隅。人们建立了城镇，然而，可怕的地震，又可能将人类的家园无情地吞噬。因此，适宜的地质条件是一个文明存在和发展的必要前提。

其次是地理条件。热带的炎热天气和茂密的寄生植物都会阻碍文明的发展。疾病、饥饿、死亡……都会使人类的文明处于停滞状态。水是生活的必需品，雨水则是比日光更重要的自然资源。如果土壤肥沃则适于种植粮食与谷物，如果河流交错，则沿海就会修建很多便于船舶停靠的港口。良好的地理条件有利于人们接受先进文

巍峨的长城是人类留下的千古遗迹。

化，充实自身文明。

经济条件是文明最重要的物质条件。一个民族即便具有完备的典章制度、崇高的伦理道德，但假如这个民族只依靠狩猎方式而存在，那么它绝不会从蛮荒时代进化到文明时代。定居生活成为主流后，人们为了未知的将来要耕作储粮，因此农耕成了一个重要的文化形式，为人类由野蛮进入文明提供了必要的物质保障。于是人们发明生产工具，学习和总结工作的方法以提高生产效率，并将祖先的精神与传统进行充实和完善后，传承到下一代。

农耕业为文明的发展提供了物质保障，文明的发展又促进了城市的发展。一方面，文明是礼仪的习惯；另一方面，礼仪又是市民们表现在言谈与思想上的高尚气质。不可否认，虽然财富与智慧聚集在城市，但它们却主要产生于乡村。城市中，工商业的兴起使物质与精神生活更为完美。商人间频繁接触，交换了货物与意见；频繁的交易，在双方心智较量下，又激发了人们的创造力。

民族不是对文明的限制，文明可产生于任何大陆和任何肤色人种中。无论是在北京、马德里、古埃及的孟菲斯城，还是在巴比伦、罗马、伦敦，抑或在中美洲的尤卡坦半岛，伟大的民族创造出伟大的文明，而伟大的文明又创造了伟大的民族。文明史就是这样向前发展的。不管英国人身居何处，他们身上所蕴涵的不列颠文明都会对当地人产生影响，而同时英国人也会不自觉地受到当地文明的熏染。如果给某一民族与另一民族相似的物质条件，则这个民族也可能会有类似的文明成果。文明与民族，在这个意义上，由不同的世系交相婚配，而有所关连，并且逐渐同化而成为同种的民族。

# 亚洲文明

YAZHOU WENMING

# 源远流长的华夏文明

华夏大地幅员辽阔，在这片土地上曾出现过若干既相互联系又有区别的区域文化，它们最终凝聚成了多元一体的华夏文明。数千年来，尽管危机迭现，但华夏文明传统仍一脉相承、延绵不绝，正是这异乎寻常的凝聚力，赋予了中华民族经久不衰的生命力。

## 华夏文明的源起

一个文明的兴起，有很多的因素和条件，但对后世文化影响最为深远的是各民族口耳相传的神话。由于古代生产力水平低下，人们不能科学地解释世界起源、自然现象及社会生活的矛盾、变化，于是借助幻想，把自然力拟人化，神话由此产生。神话往往表现了古代人民与自然的斗争和对理想的追求，反映出古代人们对世界起源、自然现象及社会生活的原始理解，并通过超自然的形象和幻想的形式来表现的故事和传说。神话通过各种自然神和神化的英雄人物，来对某种自然和社会现象进行解释。有的神话表达了先民征服自然、变革社会的愿望。而且远古人民也通过神话故事，来表达他们在对未知世界的认识中种种不安的情绪。中国神话极其丰富，有许多神话都保存在了古代著作中。如《山海经》《淮南子》等著作。

大禹祠。

## 刀耕火种的原始社会

原始社会主要以亲族关系为基础，人口数量比较少，经济生活采取平均分配原则。这一时期的生产力水平低下，有些以狩猎和采集经济为主，也有些以渔业为主，还有的以简单的自然农业为主，生产工具简单粗糙。原始社会经历了旧石器时代和新石器时代。到新石器时代末期，人类开始使用天然金属，后来逐渐学会了制作纯铜器。但是由于纯铜器没有石器坚硬，无法取代石器，所以这一时期亦称为金石并用时代。到了公元前 3000 年—前 2000 年，人类学会了制造青铜，进入了青铜时代。到了公元前 1000 年—公元初年，随着铁器的使用，人类进入了铁器时代。原始社会开始解体，同时这一时期也是阶级社会形成的时期。

中国神话艺术作品。

在铁器时代，生产力有了较大程度的发展，出现了三次社会大分工。此时农业和畜牧业在生产中的地位有所提升，男性逐渐取代女性在社会中的主导地位，父系氏族公社随之产生。在父系氏族公社中，实行父系财产继承制。随着生产力的发展，人们的产品出现了剩余，个体劳动逐渐取代集体劳动，私有制随之出现，阶级产生。氏族中出现了贵族阶层和平民阶层。到了末期，以血缘关系结成的氏族逐渐解体，按地域划分的农村公社就在此时诞生了。此时，原始社会基本上瓦解，不同阶级之间出现了矛盾，阶级统治的工具——国家随之诞生。原始社会解体后进入奴隶社会。

原始社会所使用的石器。

## 原始社会时期的文明

原始社会人类制造的铁器。

在原始社会时期，人类创造了象形文字，出现艺术这种特殊的文化形式，产生了原始的宗教和图腾崇拜。原始社会主要由原始人群和氏族公社两个时期组成。而氏族公社同样经历了母系氏族公社和父系氏族公社两个发展阶段。我国的原始社会起源于约170万年前的元谋人时期，止步于公元前21世纪的夏王朝建立。元谋人是目前可查证的我国最早的人类，而北京人是原始人群时期的典型代表。山顶洞人当时就处于氏族公社的阶段。长江流域的河姆渡氏族和黄河流域的半坡氏族所处的时期是母系氏族公社最繁荣时期。大汶口文化的中晚期代表了父系氏族公社的发展状况。传说中，黄帝是五千多年前生活在黄河流域原始部落的部落联盟的首领。在他的领导下，部落联盟逐渐强大。黄帝曾率领部落联盟打败黄河上游的炎帝部落和南方的蚩尤部落。后来，炎帝部落和黄帝部落结成联盟，在黄河流域繁衍生息，构成了以后华夏族的雏形。黄帝之后，尧、舜、禹先后担任黄河流域部落联盟的首领，都取得了杰出的成就。

## 文明渐兴的奴隶社会

禹取得中原部落联盟的首领地位之后，渐渐开始培植自己的势力，这是因为禹在长期治水和进行掠夺战争中，形成了绝对权力和威望，也由此使其家族成为氏族部落中最强大的显贵。这就为启夺取政权，建立夏朝奠定了基础。公元前21世纪，启

象形文字。

建立夏朝，开创了“家天下”历史，他开创的王位传子制度被后世统治阶级继承沿袭下来。夏启为了巩固自己的地位，便把王权与神权结合起来，并逐渐产生主宰一切的最高神。夏朝的王位世袭制、分封制等一系列政治制度，对我国历代王朝都有着巨大的影响。

夏启建立的夏朝（公元前21世纪—前16世纪），是我国史书记载的第一个世袭王朝，也是我国历史上的第一个奴隶制国家，是中国奴隶社会的开端。它历时约500年，共传14代历17个王。夏朝的建立标志着“家天下”传统的形成。

夏王朝在经济文化上的发展，尤其是在农业生产、铸铜技术、天文历法等方面的进步都对后世有着巨大影响。为了适应农业生产的需要，探索出农事季节的规律，现代仍在沿用的、称为夏历的农历就是夏王朝发明的。铸铜业是夏朝新兴的重要手工业，人们已经在二里头文化遗址中发现了铜刀。现代以来，河南省偃师县二里头村遗址中大型宫殿、墓葬以及许多青铜器的出土，则从一个侧面揭示了作为奴隶制的晚期部落联盟的夏国，其政治、经济及社会文化、生活等各方面的发展情况。

此外制陶业在夏代可能已经成为一个独立而重要的行业了，在夏朝的出土文物中已经有了陶器就是最好的证明。

夏朝最后一位王夏桀暴虐无道，商汤带领商部落打败桀，灭了夏朝。商朝建立。

作为我国历史上第二个重要朝代，商朝从大约公元前17世纪到公元前11世纪，共延续了约六百年的时间。商朝处于奴隶制的鼎盛时期。作为统治阶级，商朝奴隶主贵族形成了庞大的官僚统治机构和军队。

最初，商汤建都亳（今河南商丘附近），后来曾多次迁都。盘庚在位期间，迁都至殷（今河南安阳小屯村），因此历史上也称商王朝为殷朝或殷商。武丁在位时，大力革新政治，同时不断扩张势力，使商王朝空前强大起来。据考古发掘表明，商王朝的政治势力和文化影响力远远超过夏朝，南越长江，北达辽西，西抵陕西。

在商代，民间的音乐和宫廷的音乐，都有长足的进步。由于商代农、牧、手工业等各方面的发展水平非常高，同时乐器的制作水平有了巨大的飞跃，出现了大量精美豪华的乐器。乐舞是宫廷音乐的主要形式。相传大臣伊尹曾创作了许多乐谱，《周易·归妹上六》和《易·屯六二》就是商代民歌的代表作。

商代甲骨文已经是一种成熟的文字，兼有象形、会意、形声、假借、指事等多种造字方法。甲骨文因刻写材料坚硬，故字体为方形。

在商代，手工业全部由官府统一管理，具有分工细、规模大、产量高、种类多等诸多特点，而青铜器的铸造技术更是发展到了高峰，在河南安阳出土的司母戊大方鼎，形制雄伟，工艺高超；湖南宁乡出土的四羊方尊，技艺精湛，它们都是青铜器的代表之作。青铜器成为商代文明的象征。不仅如此，商朝人还发明了原始的瓷器技术，洁白细腻的白陶颇具水平。造型逼真，刻工精细的玉石器展现了商代玉石制造业的高超技艺。丝织技术已很发达，商代人已经

殷墟发掘出的商代车马坑

掌握了先进的提花技术。

安阳殷墟博物馆中的甲骨文。

商代历法已经有了大小月之分，规定366天为一个周期，并用年终置闰来调整朔望月和回归年的长度。商代甲骨文中有多处关于日食、月食和新星的记录。

商朝最后的国君纣王性情残暴，昏庸腐败，他建“酒池肉林”，使用酷刑。纣王的残暴激起了越来越多的大臣和诸侯的不满，很多人纷纷站出来反对纣王，这些人都先后遭到迫害。这一时期，周部落在周文王的治理下越来越强盛。周文王死后，他的儿子姬发即位，就是周武王。周武王拜姜太公（姜尚）为师，继续整顿内政，扩充兵力，准备讨伐商纣王。

大约在公元前11世纪，武王发兵5万，以姜尚为元帅，渡过黄河东进。周武王又在孟津举行一次誓师大会，宣布了纣王残害人民的罪状，鼓励大家同心协力，开始伐纣的战争。

周武王的伐纣大军深得民心，一路上势如破竹，很快就攻到离朝歌仅34千米的牧野（今河南淇县西南）。

纣王听到这个消息，立刻调兵遣将、拼凑了70万人马，由他亲自率领，到牧野迎战。

可是，那70万人马有一大半是临时武装起来的奴隶和从东夷抓来的俘虏。他们平日受尽纣王的压迫和虐待，积存了极深的怨恨，谁也不想为纣王卖命。在牧野战场上，当周军勇猛进攻的时候，他们就掉转矛头，纷纷倒戈。纣王见大势已去，只好逃回朝歌，当夜，在鹿台自焚而死。

周武王灭了商朝后，把国都从丰搬到镐京（今陕西西安市西），建立了周王朝。

周朝分为西周和东周。西周从公元前11世纪到公元前771年；

东周自公元前772年—前256年。周朝共延续约八百年，分为西周和东周两个时期。西周建都镐京（今陕西西安附近），到公元前771年结束。次年，周平王迁都洛邑（今河南洛阳），东周的历史开始。周王室和各诸侯国的统治范围包括今黄河、长江流域和东北、华北的大部分地区。

周朝文物。

自从周平王东迁之后，周王室势力衰落，强大的诸侯国不断地发动兼并战争，出现了诸侯争霸的局面。相继出现了齐桓公、晋文公、秦穆公、楚庄王、宋襄公五位，史称“春秋五霸”。诸侯争战改变了西周时期小国分立的政治格局，实现了局部地区的统一，同时也打破了各族之间的地域界限，促进了各族人民之间的交往与融合，为后来的全国统一打下了基础。

战同时期，各国普遍实行变法，其中最早的是魏国的李悝变法，成效最大的是秦国的商鞅变法。商鞅变法使秦国一跃成为当时最强大的国家。其他六国为了共同对抗秦国，建立了政治联盟，称为“合纵”。秦国为了拆散六国联盟，采用了远交近攻的策略，这种政治策略被称为“连横”。

从公元前230年起，秦王嬴政凭借强大的武力，先后消灭了魏、楚、燕、赵、齐、韩六国，至公元前221年实现了全国统一，建立统一的封建王朝——秦朝。

姜太公铜像。

## 风云变幻的封建王朝更迭

秦围统一天下，标志着中国进入“大一统”的时代，从而拉开了封建王朝统治的帷幕。

秦朝建立后，秦王嬴政自称“始皇帝”，后人称他为秦始皇。秦朝只传了三代三个皇帝，立国仅15年。它的疆域却极为辽阔，东到大海，西到今甘肃、四川，西南至今云南、广西，北到长城一带。

秦始皇加强了中央集权统治，将国家政治、经济、军事等大权均集中在皇帝手中。在朝廷，设立了丞相、太尉、御史大夫等官职，辅佐皇帝；在地方，废除西周以来的分封制，推行郡县制，把全国领土划分为36郡。

为了加强思想统治，秦始皇接受了丞相李斯的建议，将除了秦国史书、医学、卜筮、种植等书以外，民间所藏的诗书以及诸子百家的书籍等一律烧毁，并以妖言惑众的罪名活埋了四百六十多个儒生、方士。这就是历史上著名的“焚书坑儒”事件。

秦始皇为了满足自己无厌的享受，征调了大批民工为他修建宫殿，其中建造阿房宫的人数就达七十多万。在他为自己修筑的骊山陵墓中，用珍珠嵌成了日月星辰，用水银造成了江河湖海。秦朝当时的人口约有2000万，每年被征调去服役的就有200万人，男子不够，还征调女子。这使得许多田地荒芜，广大农民负担着沉重的赋役，生活在水深火热中。

秦始皇下令修建了壮观的皇陵兵马俑。

秦始皇画像。

公元前206年，刘邦建立汉朝（公元前206年—公元8年），定都长安（今陕西西安），史称西汉，又称前汉。汉朝延续214年，共传12帝。它的疆域东南至海，西北到巴尔喀什湖、葱岭，西南达今云南、广西、越南的中部，北至大漠，东北达朝鲜半岛北部。汉初的“与民休息”政策减轻了人民负担。之后的文帝、景帝亦通过有效的政策取得了良好的政绩，出现了著名的“文景之治”局面。

随着汉王朝的兴盛，西域和汉朝的往来也越来越频繁，主要是当时中亚的乌孙、大宛（今哈萨克、塔吉克地区）和安息帝国（今天的伊朗地区）。但随着匈奴人的强大，匈奴奴役着西域小国使汉朝和西域的往来中断，汉武帝想和远在西域的月氏人结成联盟，共同抗击匈奴。于是派遣张骞出使西域。

古都长安（今西安）。

公元前139年，张骞出使西域。但在张骞和他的部下进入了匈奴地界后，便被匈奴人强行扣留。

张骞被扣留在匈奴十几年。张骞一心怀念汉朝，并没有忘记自己的使命，一直在寻找机会逃跑。时间久了，匈奴人对张骞等人渐渐放松了警惕。一天夜里，张骞趁匈奴人不备，带着下属逃出匈奴。

张骞回朝之后，向汉武帝详细汇报了他逃亡路上所经历的西域各国的风土人情，使汉人第一次对西域各国有了初步认识。张骞出使西域后，西域各国陆续派使者来到长安，汉朝同这些国家建立了友好关系，并频繁往来。

后来，汉武帝派霍去病、卫青等将领率军直捣漠北匈奴王廷，从而解除了匈奴对汉的威胁。汉军占领了河西走廊，通往西域的道路被打通。西域出产的葡萄、石榴、胡桃、胡麻等珍贵水果也在这时传入中原。同时，汉朝的丝绸、瓷器、茶叶等通过西域，传到帕米尔高原以西的中亚、印度、西亚乃至欧洲，张骞出使西域开辟了“丝绸之路”，使中国的文明与文化传播到世界各地。

纪念张骞出使西域的雕像。

东汉末年董卓专权引起诸侯的不满，纷纷起兵讨伐，最后董卓被杀，袁绍和曹操势力最为强大。公元200年，曹操在官渡之战中打败袁绍，又陆续消灭了袁绍的残余势力，基本统一了北方，形成了独霸中原的局面。孙权占据土地肥沃、物产丰富的扬州六郡，拥有精兵数万和周瑜、程普、黄盖等著名将领，同时拥有长江天险的地理优势，成为曹操吞并天下的主要障碍。曹操吞并天下的另外一个重要障碍是刘备。刘备招揽天下英才，在他手下集聚了关羽、张飞、赵云等众多猛将，还有神机妙算的诸葛亮。

北魏时的人物雕像。

公元208年，曹操亲自率领号称80万大军临江陈兵，虎视江东，觊觎巴蜀，大有并吞孙权、刘备，一统天下之势。

但是经过赤壁之战后，曹操元气大伤，魏、蜀、吴三国鼎立的局面基本形成。

公元220年，曹丕称帝，国号魏，定都洛阳；公元221年，刘备在成都称帝，国号汉，世称蜀，也称蜀汉；公元229年，孙权在武昌称帝，后迁都建业（今南京），建立吴国。至此，魏蜀吴三国鼎立局面形成。最终，魏国灭掉蜀、吴，统一全国。

曹魏政权并不稳定，大臣司马懿掌握大权，主弱臣强。公元265年，司马懿之孙司马炎夺取政权，建立晋朝，先定都洛阳，后迁都长安，史称西晋。公元316年，西晋被匈奴所灭。公元317年，司马睿在

霍去病墓。

晋朝人创作的优美图画。

江南即位，定都建康（今南京），史称东晋。魏晋时期是我国历史上纷争非常频繁的时期。魏晋时期最突出的思想为玄学。其基本教义为《老子》《庄子》和《周易》，合称三玄。

南北朝时期是两晋以后中国历史上又一个分裂时期，从公元 420 年开始，到公元 589 年北隋灭南陈结束，共历经 169 年。

南北朝时期，佛教迅速传播并发展起来，直至北魏时，随着佛教的广泛传播，佛像、壁画、石窟寺院得到了空前发展。因此许多庙宇及石窟造像流传于世，其中敦煌千佛洞、云岗石窟、龙门石窟等成为我国造像艺术的宝库。

东晋灭亡后，南北朝时期经济发展有所停滞，中原地区不断混战，然而在一定程度上却促进了黄河流域的民族大融合，同时为将来中国成为统一国家打下了坚实基础。

隋朝是中国历史上最辉煌的朝代之一。在这一时期，中国的政治、经济、文化、外交等方面都达到极盛。其东亚邻国新罗、渤海国和日本的政治体制、文化等方面都受到了隋朝或多或少的影响。

隋朝的政治、军事中心集中于中国北方，在其统一过程中，为了运兵南下，隋朝统治者开始修建运河。国家统一后，为了粮食和

隋文帝杨坚。

纺织品的运输，又陆续开凿了数条运河。最终建成了以洛阳为中心，由永济渠、通济渠、山阳渎和江南运河连接而成，南至杭州，北通北京的大运河。大运河对中国经济发展起到了积极作用，并在此后的千百年里成为沟通中国南北方的重要纽带。

隋朝的空前强大令世界瞩目，然而隋炀帝是一个好大喜功的暴君。在修建大运河期间，他征调大量劳役，给人民带来深重灾难，致使国内矛盾空前激化，各地反抗隋朝的起义爆发。在此形势下，隋朝政权迅速土崩瓦解，至公元618年（武德元年）隋朝灭亡，共历时37年。

唐朝是在隋朝的基础上建立起来的。在它全盛时期，疆域东到大海，南及南海诸岛，西越巴尔喀什湖，东北抵达黑龙江以北外兴安岭一带。从唐高祖李渊在公元618年开国，到公元907年灭亡，共传21帝，历经290年。

唐朝初年，政府征收的赋税也比较轻。李世民是唐朝第二个皇帝，他在位期间为贞观年间（公元627年—公元649年），这一时期

沟通中国南北方的京杭大运河。

政治清明、经济繁荣、社会安定，出现了“贞观之治”的盛况。

公元690年，武则天改国号“唐”为“周”，迁都洛阳，改东都为神都，史称武周。武周政权持续了十五年之久（公元690年—公元705年）。武则天是我国历史上唯一的一位女皇帝，她操纵国柄将近半个世纪。公元705年，唐中宗李显恢复大唐国号。唐玄宗李隆基在位期间的前期，政治清明，举贤任能，经济发展迅速，唐朝进入全盛，这一时期共29年，史称“开元盛世”。天宝十四年（公元755年）安史之乱后，唐朝日渐衰落，最终走向灭亡。

巍然耸立的无字碑不仅是乾陵的象征，同时也是女皇帝武则天的象征。

唐在政治、经济、文化、外交等方面均取得了无比辉煌的成就，是当时世界上最强大的国家之一。唐朝前期经济繁荣，国力强盛，文化先进，在国际上享有很高的声誉，亚、非地区的许多国家纷纷派使臣、学者前来访问、学习。为接待各国使臣和来宾，唐政府专门设置了鸿胪寺，还在广州设置市舶使，并且为进行对外贸易活动建立了商馆。同时唐朝政府也不断派出使臣访问各国。强盛的唐朝成了亚非各国经济、文化交流的中心。

唐朝的诗歌成就最高，是我国古典诗歌发展的全盛时期。“诗仙”李白、“诗圣”杜甫是唐诗的集大成者，后人很难有出其右者。李白的诗飘逸洒脱，充满浪漫主义色彩，而杜甫的诗则更多体现现实主义情怀。李白、杜甫之后也有一些成就很大的诗人，如白居易、李商隐等。

宋朝（公元960年—1279年）依据其首都及疆域的变迁，可分为北宋与南宋。这一历史时期是中国历史上承五代十国、下启元朝的时代。著名史学家陈寅恪言：“华夏民族之文化，历数千载之演进，造极于赵宋之世。”有人认为宋朝是我国历史上的“文艺复兴”。

唐朝著名的唐三彩作品。

提到宋代，人们首先会想到宋词。在我国文学史上，宋词历来与唐诗并称双绝，它代表了一代文学之盛。它被誉为中国古代文学皇冠上的一颗璀璨明珠。宋词大体分为豪放派和婉约派。豪放派的代表人物有苏轼、辛弃疾、岳飞、陈亮等，婉约派的代表人物有李清照、柳永、秦观等。

两宋时期，在整个社会经济和文学全面发展的推动下，科学技术也取得了巨大的进步。这一时期的科技成就，不仅成为我国古代科学技术史上的一个高峰，在当时的世界范围内也居于领先地位。对整个人类文明发展产生重大而深远影响的我国古代四大发明的三项——活字印刷术、火药、指南针，就是出现在两宋时期。

沈括全身塑像。

宋朝官窑、民窑遍布全国各地。河北曲阳定窑、河南汝州汝窑、禹州的钧窑、开封官窑、浙江龙泉哥弟窑、江西景德镇景德窑、福建建阳建窑被誉为七大名瓷窑，它们和分布在各地的许多大小瓷窑所出产的精致产品通过海上丝绸之路远销日本、高丽、南洋、印度、中西亚等地区。

1206 年，铁木真征服了蒙古高原其他部落，建立了蒙古汗国。铁木真被尊称成吉思汗（意思是拥有四海的最高领袖）。蒙古军队先后灭亡了西夏、金，向西一直打到多瑙河流域。1271 年，蒙古大汗忽必烈把政治中心迁至燕京（今北京），次年改称大都，改国号为元。忽必烈就是元世祖。元朝自忽必烈后，共传九个皇帝，统治时间为 98 年。

元世祖忽必烈迁都燕京，改国号为元。

元代疆域最为辽阔，北达西伯利亚，南到南海，西南至今西藏、云南，西北达今新疆境内，东北抵鄂霍次克海。为加强统治，元朝施行行省制度。在中央设置中书省，作为最高行政机构，大都及其邻近地区归中书省直接管辖。作为中央政府的派出机构在地方设立行中书省，简称行省或省。当时，在全国建立了十个省。现在，中国省级的行政区划就是起源于元，元代政府还设置了澎湖巡检司，负责管辖澎湖和琉球（今台湾）。

元代时期我国天文学居于世界领先地位，而且数学、医学也都在世界先进之列。著名的科学家郭守敬历经四年时间制订出《授时历》，它是当时世界上最先进的一种历法。郭守敬还曾负责修治元大都至通州段的运河，再加上济州河、会通河等其他几项工程，最终形成了今天我们所见到的京杭大运河，其全长一千七百多千米。

元代时新产生的一种文学体裁是戏曲。关汉卿和白朴、马致远、郑光祖被后世称为“元曲四大家”。其中关汉卿的作品最多，成就也最大。其代表作有《窦娥冤》《救风尘》《望江亭》《拜月亭》《调风月》《单刀会》等。在元代的文学作品中，虽然有一些传统形式的诗词比较优秀，但就其整体而言成就并不高。相反，在戏曲方面则出现了许多优秀的作家及作品，并在我国文学史上产生深远的影响。元曲也成为与唐诗、宋词并称的一种文学体裁。

在当时，与元朝通过海上和“丝绸之路”进行经贸往来的国家和地区有一百四十多个。便捷的交通为东西方文化的交流创造了便利的条件。此时，人们对世界的了解不再局限于道听途说，而大多是亲身经历。如《岛夷志略》《西游记》《西游录》《北使记》《西使记》《真腊风土记》《异域志》等，均反映了元代对外部世界的新认识和文化视野的开阔。

元朝时期中西文化交流信息量之大、传播范围之广及对后世影响之大，都是空前绝后的。可以说，元朝时期中西方文明成就第一次出现了全方位共享的局面。

1368 年，朱元璋推翻元朝的黑暗统治建立了明朝，定都应天府（今南京），定其国号为大明，年号洪武。包括南明四帝在内明朝共有二十位皇帝，其领土不仅囊括了清代所谓的内地十八省，而且还

在现东北、新疆东部、西藏等地设有行政机构，至永乐十九年（1421 年）时，迁都北京，应天府改为留都。

徐光启塑像。

明朝在天文学和数学及物理学方面的成就都很高，1383 年，朱元璋下令在南京建造京师观象台；1439 年，在北京造浑天仪（现置于南京紫金山天文台），1634 年我国安装第一架天文望远镜；数学方面，徐光启与利玛窦于 1606 年合译《几何原本》；物理学方面，宋应星在《论气·气声》一书中对声音的产生和传播作出了合乎科学的解释，他认为声音是由于物体振动或急速运动冲击空气而产生的，并通过空气进行传播的，与水波相似。

明朝在医学方面也取得了辉煌的成就。1406 年，朱棣主持收集编撰的《普济方》是我国现存最大的一部医方书。1567 年在宁国府太平县试行了中国人痘接种方法预防天花，这是我国人工免疫法的开端。至 17 世纪时，我国的种痘技术已相当完善，普及全国并传入欧洲，是我国医学史上的重大成就。1596 年由李时珍编写的《本草纲目》正式出版刊行，与此同时还有《濒湖脉学》《奇经八脉考》等著作。此外明朝还有许多医学著作问世，为我国医学的发展作出了卓越的贡献。

在 1405 年—1431 年，郑和先后率领船队七下西洋，经东南亚、印度洋远航亚非地区，最远到达红海和非洲东海岸，航海足迹遍及亚、非三十多个国家和地区，充分显示了明朝时期国家的强大和科技的发达。徐霞客所著的《徐霞客游记》中对地理、水文、地质、植物等现象，均作了详细记录，在地理学和文学上卓有成就。

明朝后期，努尔哈赤于 1616 年建立后金国，统一了女真各部落，不再向明朝俯首称臣。努尔哈赤的儿子皇太极于 1636 年在沈阳称帝，改国号为大清，改元崇德，清朝正式建立。1643 年皇太极病死，福临继位，即清世祖顺治帝。从皇太极称帝，改国号为大清到康熙帝平三藩、攻下台湾，再到雍正帝、乾隆帝恢复和发展因战乱

郑和航海纪念馆。

而遭到严重破坏的经济文化，至此清王朝达到鼎盛。这段历史被后人称为康乾盛世或康雍乾盛世。但此后清朝渐渐落入中国历代世袭专制王朝“兴起—鼎盛—衰落”的宿命中。

清朝前期，专制主义中央集权制度进一步加强。军国大事完全由皇帝掌控，各地方的军政首脑也直接听命于皇帝。统治者一方面通过科举取士，笼络知识分子；一方面又为遏制民间的反清思想而大兴文字狱。他们还在蒙古实行盟旗制，并优待蒙古王公；加强对西藏的控制，清政府册封了达赖和班禅，并派出驻藏大臣。在乾隆时期，中国统一多民族国家得到巩固和发展。同时清朝的疆域也比较广阔，东临太平洋、北接西伯利亚、东南到台湾及附属岛屿、西至葱岭、南到南海诸岛、东北至外兴安岭、库页岛，中国成为亚洲东部最大的国家。

在康熙、雍正、乾隆三朝时，经济一再发展。国内一大批新兴市镇涌现，统一的大市场开始形成。手工工场在丝织业、棉布业、造纸业、冶铁业等部门中有增加的趋势。商业资本数额增大，包买商人数量增多；资本主义萌芽有了进一步的发展。对外贸易渐渐集中到广州口岸，丝、茶、瓷器等土特产远销欧美。直到鸦片战争以前，中国的外贸一直处于出超的有利地位。但是，清朝统治者实行闭关锁国政策，几次下令严禁海外贸易，又在国内设立了诸多关卡，对商品征收重税，并严格控制手工业生产的规模，大大地阻碍了资本主义萌芽的进一步发展。

清代在医学方面成绩卓著，如乾隆时期由政府修订的《医宗金鉴》共九十卷，它对《金匮要略》《伤寒论》等著作进行了考订，同时还征集了许多新的内容，是一部介绍中医临床经验的著作。此外还有清代名医王清任编撰的《医林改错》在医学上有卓越贡献。他将对人体内脏的解剖研究绘制成《亲见改正脏腑图》25 种，改正前人的一些错误，为中国解剖学的发展作出了极大的贡献。

清代在天文学方面的发展也很迅速，梅文鼎一生都在从事古代历算学的整理和阐述，同时也对西方科学加以研究和介绍。他还编著了我国第一部历学史著作《古今历法通考》，此外，他的《中西数学通》几乎总括了当时世界数学的全部知识，达到了当时我国数学研究的最高水平。

清代的园林建筑在世界上享有极高的声誉。如北京西郊的圆明园，拥有一百五十多座精美的宫殿、台阁、宝塔等建筑。它从康熙时期开始建造，至乾隆时期才基本完成，道光时期又加以扩建，共历时一百余年。遗憾的是，圆明园在第二次鸦片战争时期被毁坏，如今只剩下一些遗址供后人参观，但仅仅从残破的遗址仍可想象出它曾经的辉煌。此外还有雍和宫、避暑山庄和外八庙等建筑也很著名。

此外，在康熙、雍正时期还出现诸多农学著作，其中以《钦定授时通考》《广群芳谱》《补农书》等著作最为著名。《钦定授时通考》是由乾隆皇帝组织进行编纂的。其规模略小于《农政全书》，但由于是政府修订的官书，所以当时在全国广泛流传。

圆明园大水法遗址。

# 影响深远的印度文明

在距今六千多年前的美索不达米亚平原出现了人类最早的文明。经过千年的沧桑，那些古老的王国只留下点点遗迹，似乎在诉说着它们昔日的辉煌。美丽的神话传说、先进的科学技术……无一不说明两河文明的不朽与伟大。

## 古印度文明形成的自然环境

印度这一名词源于印度河，梵文曰“信度”（sindhu），意为海洋、江河。在古代，印度指的是一个地理概念，而不是一个国家的名字。古印度包括现在的印度、巴基斯坦、孟加拉、尼泊尔和不丹等国的领土在内的整个印度次大陆。印度次大陆总面积约四百三十万平方千米，位于亚洲南部。

印度的国鸟——绿孔雀。

以温德亚山脉和纳巴达河为界，可将印度次大陆分为南北两个区域。水是生命之源，没有水便没有生命，古印度文明当然也不例外。印度北部有印度河和恒河两条大河。印度河发源于冈比斯山以西，流入阿拉伯海。印度河流域是印度古代文明的源泉。发源于喜马拉雅山南麓的恒河，最后流入孟加拉湾，它所流经的地方形成了世界上最大的三角洲之一——恒河三角洲。辉煌的印度河文明和恒河文明相继产生，使这里成为古代印度的政治、经济和文化中心。

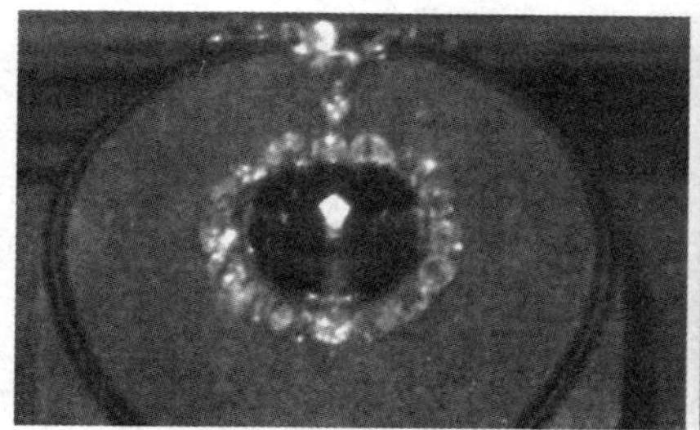
印度钻石世界闻名。

印度精美的钻石工艺品。

印度次大陆资源丰富。这里因有茂密的原始森林而盛产各种木料。铜矿和铁矿的储量也很大。拉贾斯坦和比哈尔南部的铜矿早在公元前2000年就已被开采；铁矿分布在卡纳塔卡、比哈尔南部等地区。约公元前8世纪，铁器已被广泛用于生产。锡矿分布于南部的安德拉地区，而喜马旺特和卡纳塔卡一带则主要盛产金矿和银矿，此外还盛产各种宝石和珍珠。印度次大陆金刚石的产量和质量均位居世界前列。

就是在这样一处广阔富饶之地，古印度文明开始了它的历程。

## 印度王朝的更迭

雅利安人在大约公元前3000年—前2000年或更早的时候，分批迁移到印度河流域。他们逐渐在那里定居，将活动范围又扩大到

雅利安人从喜马拉雅山开始向东方进发。

东面的恒河流域。

公元前1500年前后，雅利安人开始大规模进入印度次大陆。约公元前1500年—前600年，是印度历史上的吠陀时期，它是古印度文明兴起中不可或缺的一部分，是古印度文明的一个重要阶段。

吠陀时代早期，雅利安人主要分布在北部印度的犍陀罗和旁遮普等地区，没有超出哈拉巴文明的地理范围。他们进入北印度后，与当地土著居民发生了激烈的冲突和战争。雅利安人最终击败了当地土著居民，成为印度河流域的新主人。

到了吠陀时代后期，雅利安人开始向东扩张，直指恒河流域。约公元前600年，印度次大陆上的各个部落大多数已经过渡为国家，其中重要的有被佛教文献称为“十六大国”的16个国家。它们是：鸯伽、摩揭陀、迦尸、居萨罗、跋沙、阿般提、居楼、般阇罗、阿湿婆、婆蹉、苏罗婆、乾陀罗和剑浮沙。十六大国是指当时那些主要的国家，此外，还有一些向国家转变的部落联盟存在。因此，十六大国只是个概称。这些国家都属于具有一定规模，大多以较大城市为政治和经济中心，其版图包括周围农村的区域性国家。

摩揭陀国在不断的争战中脱颖而出并逐渐强大起来。至公元前4世纪，整个北部印度几乎都被摩揭陀国控制了，至此，摩揭陀国成

美丽的印度河千百年来养育着这片土地上的人民。

印度国树——菩提树。

为一个拥有广阔领土的地域性霸主。

公元前 6 世纪，频毗沙罗王（约公元前 544 年—前 493 年在位）统治摩揭陀国，建都王舍城。频毗沙罗王在历史上扮演的角色跟中国的秦始皇十分类似，经济上他注重农业和铁矿业的发展，政治上他东联西并，纵横捭阖，大有统一整个恒河流域的趋势。

频毗沙罗王大约在公元前 542 年，开始了他的统一进程。为了得到南面的出海口，他选择鸯伽国为首先消灭的对象。为孤立鸯伽国，他以联姻方式与鸯伽国的邻国结盟。频毗沙罗王通过联姻手段达到政治目的后，见时机成熟，他便下令大举进攻鸯伽国的都城昌巴。频毗沙罗王如愿征服了这个国家之后，派自已的儿子阿阇世镇守。不幸的是频毗沙罗王还没有来得及完成他的统一大业，就被自己的儿子阿阇世杀了。

公元前 493 年左右，阿阇世弑父篡位。同他父亲一样，阿阇世亦有着非常大的野心，经过 16 年的艰难战争，他终于成为了东部印度的霸主。

在难陀家族统治的鼎盛时期，公元 4 世纪，在完成了几代帝王统一恒河流域的夙愿，使摩揭陀国成为恒河流域的霸主。这时的摩揭陀国成为印度次大陆上的第一强国，其领土包括整个恒河流域和部分中印度。这时的摩揭陀国的政治、经济、军事以及文化都有很大的发展，尤其以军事的发展最为突出。摩揭陀国的兵种分工已细化，有步兵、骑兵、战车兵和水兵，还有劳工、侦探和地方向导辅助。军队规模亦较为壮观。摩揭陀的末代统治者丹那·难陀是一位非常残暴的国王。由于他的横征暴敛，致使社会各阶层不满，因此他的统治非常不稳定。此时，旃陀罗笈多领导人民举行起义，推翻了腐败的难陀王朝并建立了新王朝，名为“孔雀王朝”。

随着难陀王朝的灭亡，古印度史上的列国时代至此画上了句号。而孔雀王朝的兴起，标志着古代印度开始进入中央集权制的大帝国时期。

孔雀王朝（公元前 321 年—前 187 年）是继摩揭陀国之后古印度的又一个重要王朝，其名为孔雀的原因是其建立者旃陀罗笈多出身于吠陀种姓的孔雀族。旃陀罗笈多建立的孔雀王朝统治印度和阿富汗地区达 134 年之久，使孔雀帝国成了与同时代的古罗马、古代中国并称的世界强国之一。

约公元前 324 年，旃陀罗笈多在西北印度自立为王。在这之后，旃陀罗笈多挥师东下，向难陀王朝发起进攻。旃陀罗笈多先歼灭了难陀王朝其他地区的军队，然后消灭了驻扎在都城的主力部队，轻松攻下了华氏城，推翻了难陀王朝。这样，旃陀罗笈多建立了孔雀王朝，在历史上第一次统一了印度北部。

孔雀王朝在旃陀罗笈多的带领下，在接下来的25年间，取得了军事和外交上的双进步。他依靠其军事力量建立了古印度历史上第一个统一印度河与恒河流域的大帝国，而且开创性地与西方人建立了外交关系。

婆罗门教梵天的雕像。

旃陀罗笈多统治孔雀王朝25年后，将皇位传给了他的儿子宾头沙罗（约公元前300年—前273年在位）。宾头沙罗继位后，在政治军事上最主要的贡献，同时也是他最重要的行动就是向南部印度扩张。

宾头沙罗对南部印度的征服战争，意味着印度次大陆南北地区开始走向统一，具有重要的历史意义。这一伟大的事业，最终是由宾头沙罗的儿子阿育王完成的。

约公元前273年，宾头沙罗因病去世，其子阿育王成为孔雀帝国的第三代国王。阿育王是一位非常有作为的政治家、军事家和宗教领袖。他使孔雀王朝盛极一时，成为雄踞南亚次大陆的强国。

作为孔雀王朝开拓者旃陀罗笈多之孙，阿育王继承了祖辈能征好战的传统，在其当政期间统一了除印度半岛南端外的整个印度。

阿育王统治时期正值孔雀帝国的极盛时代，建立了中央集权政治。全国推行了统一的货币、度量衡，修建了通往全国各地的重要交通道路。虽然还没有统一语言文字，但婆罗门种姓制度被大部分地区所接受，并将佛教定为孔雀帝国的国教。然而，这毕竟是依靠武力统一起来的帝国，没有稳定的基础，因此阿育王死后不久帝国便涣散。约公元前187年，孔雀帝国的末代帝王大车王被手下的一个将领所杀，孔雀王朝统治时期结束。

阿育王死后，孔雀帝国变得分崩离析。在印度西北地区他的一个儿子割地自治，原来被征服的一些国家和部族也纷纷独立。约公元187年，大臣普沙密多罗·巽伽推翻了孔雀朝夺得王位。此后，

婆罗门教中湿婆的神像。

印度次大陆步入了王朝更迭和小国纷立的时期。

普沙密多罗·巽伽（约公元前 187 年—前 151 年在位）推翻孔雀王朝后，建立巽伽王朝（公元前 185 年—前 75 年）。可巽伽王朝的强盛时期并不长。该王朝随着普沙密多罗的死亡而渐渐衰败了。

巽伽王朝的完结与孔雀王朝类似。约公元前 75 年，巽伽王朝大臣苏迪·甘华篡夺王位，建立了甘华王朝（约公元前 75 年—前 30 年）。甘华王朝是一个很小的王朝，领土仅限于摩揭陀国地区。这个王朝后来被安度罗王国以武力征服。

在南部印度南端另外一些独立的国家，经济比较发达，海外贸易尤为繁荣，与两河流域、西方等地区的贸易往来频繁。同时，为扩大自己的势力，各小国之间也时常发生战争。对古印度文明来说，这是一段在冲突中不断融合并发展的时期。

中亚的贵霜王朝兴起于公元 1 世纪，在不断的征战中，贵霜将印度西北部纳入了自己的势力范围，并且由此成为横贯中南亚的大帝国。在其极盛时期，它成为当时与罗马、安息、中国汉朝并驾齐驱的四大帝国之一，它的繁荣也标志着古印度文明史上第三次文明高潮的到来。

孔雀王朝建立者旃陀罗笈多塑像。

孔雀王朝解体后，希腊人和中亚的游牧民族相继统治了印度西北部。而在中亚兴起的匈奴人，迫使大月氏人西迁，大月氏人的一支占领巴立特里亚。其中强大的贵霜部落统一了各部落，开始征服周围地区，大有形成一个中亚大国之势。公元 50 年，贵霜部落首领丘鸠阙率众翻越兴都库什山脉，成功占领了阿富汗大部分地区和印度犍陀罗地区，建立贵霜帝国（约公元 78 年—公元 241 年）。

占领印度河、恒河流域的贵霜人逐渐被古印度文明所同化，并且承袭和发扬了古印度文明。在统一的政治形势下，印度的社会经济得到了长足的发展，其中以工商业和海外贸易的发展最为繁荣。

由于贵霜王国迦尼色伽时代的国王信奉佛教，因此佛教得到了很大推广。迦尼色伽死后不久，贵霜帝国开始走向衰败，逐渐分裂成一些小的王国。公元 3 世纪时，兴起于伊朗高原的萨珊波斯逐渐向中亚和印度西北部进行扩张。至公元 4 世纪，笈多王朝在北印度兴起，消灭了西北印度贵霜人统治的小王国。小亚细亚地区的贵霜小王国，在公元 5 世纪时被吠哒人所灭。总的来说，贵霜帝国的统治，对印度的发展具有重要意义。

象兵已经成为这一时期重要的兵种。

公元 4 世纪初，一个新的帝国——笈多帝国在恒河中游一带出现。笈多帝国的建立使当时印度大部分地区的割据混乱得以暂息，并将这些地区重归于统一的政治统治之下。经过三位才华卓越的君主努力，印度古典文化全面发展起来。

旃多罗·笈多一世是笈多王朝的建立者。在公元 319 年他继承王位并开始了扩张势力的征程，他在位期间，领土范围相当于孔雀帝国瓦解后的摩揭陀王朝大小，包括比哈尔大部分和孟加拉部分地区，这是笈多帝国的核心领域。旃多罗·笈多自称“王中之王”。

公元 335 年，在钦定了儿子沙摩多罗·笈多为继承人后，笈多一世便开始隐居直至去世。沙摩多罗·笈多在位期间，帝国疆域得到很大扩展，王朝的政治、经济、文化各方面都有长足的发展，因此，在历史上他有“健日王”的美称。

沙摩多罗·笈多的儿子旃多罗·笈多二世（公元 375 年—公元 415 年在位）统治时期，笈多帝国进一步向南扩张。此时的笈多帝国政局稳定，贸易繁荣，文化发达。旃多罗·笈多二世又给自己加了个“超日王”的雅号。

旃多罗·笈多二世去世后，其子鸠摩罗·笈多继位，帝国保持和平稳定、繁荣发展的局面。到斯坎达·笈多统治时期（公元 455 年—公元 467 年），占领了巴克特利亚的白匈奴人从西北部入侵印度河流域。

笈多王朝被誉为古印度文明的黄金时代，此时的宗教哲学、文学艺术均达到巅峰。当时佛教艺术名作纷出，流派众多，建筑、雕刻、绘画技艺高超，成为古印度古典艺术的高峰。

公元 5 世纪以后，中亚民族——匈奴人侵入，笈多王朝的各属国纷纷独立。笈多王朝的衰落标志着古印度史的结束。

象在印度人心目中有着极高的地位。

公元612年，坦尼沙的曷利沙·伐弹那在一系列的政治斗争中获得胜利，建立了戒日帝国，定都曲女城（今卡瑙季），历史上称他为戒日王，在曷利沙·伐弹那统治下的戒日帝国的势力范围主要是恒河中上游地区。

戒日王对孟加拉地区的征伐持续了很长时期，但久攻不下，直到公元643年在迦摩缕波国国王的帮助下，两面夹击，才终于完全征服了这个地区。戒日王将东孟加拉划给迦摩缕波，自己占有了西孟加拉。迦摩缕波国不久也成了戒日王的藩属。戒日王还向西征服卡提阿瓦半岛上的伐拉毗，用联姻的手段使之臣服于己，获得了西海岸诸港口，从此坐收海上贸易的利益。这样，除克什米尔、西旁遮普、拉其普他那、古吉拉特和东印度边远地区外，北印度几乎都处在戒日帝国的统治下。

最终戒日王在北印度大部分地区建立了以卡瑙季为中心的大帝国。这不仅意味着北印度大部分地区又实现了统一，而且表明北印度的政治、经济中心已由恒河下游转移到恒河中游。

戒日王苦心经营建立起来的大帝国也难保不重蹈以前各大帝国的覆辙。他去世后，帝国立即陷于混乱状态。其外孙达罗犀那和大臣阿罗那顺都觊觎着王位。后来阿罗那顺占领恒河流域的许多地区，这样统一的戒日帝国即告灭亡。

公元7世纪末至公元8世纪上半叶期间伊斯兰教兴起，阿拉伯人在西亚、北非建立起一个大帝国。他们的扩张范围也波及印度。公元711年倭马亚王朝东部省的省督哈加吉派穆罕默德·本·卡西姆率军队征战信德。公元713年军队攻击木尔坦，阿拉伯人先后占领了信德和木尔坦两个城市。

伊斯兰教也随着阿拉伯人的入侵而传入印度，并促使一部分人改信伊斯兰教。但其对整个印度的影响力是有限的，因此他们的统治范围相对有限。

真正对印度全局产生重大影响的，是11世纪—12世纪突厥人的入侵。这些已成为伊斯兰教徒的突厥人于13世纪初在印度建立了德里苏丹国，并开始了长达四个多世纪的穆斯林王朝统治。

公元962年，一个突阙冒险家、中亚萨曼王朝呼罗珊总督阿普提真由于争夺王位失败，而在阿富汗的伽兹尼自立为王，创立了信奉伊斯兰教的伽兹尼王国。沙巴提统治时期，开始积极向外扩张。其子马茂德在公元997年继位后，于1000年起大举进攻印度。由于他在中亚的帝国地域已十分广阔，所以他这次侵略印度的主要目的是掠夺财富而不是扩充领土。

1030年马茂德去世，伽兹尼国势也随之走向衰败。这时，原为伽兹尼藩属的古尔王公崛起。古尔王公家族建立了古尔王朝。这时国王是吉亚斯丁·穆罕默德。他任命弟弟希哈卜丁·穆罕默德（也称他为穆罕默德·古尔）为伽兹尼省督。1175年穆罕默德·古尔开始远征印度。

古尔的入侵是以扩充领土为目的的，这和马茂德不同。1192年，穆罕默德·古尔率12万大军攻进了德里，战胜了山拉其普特人的乔治国，为征服北印度打通了道路。古尔乘胜加大了进攻步伐，于1194年率领50000大军攻占北印度的圣城贝拿勒斯。在征途中，穆斯林们毁掉了大量印度教、佛教庙宇，在上面建立了清真寺。

对比哈尔、孟加拉的征服是由一个冒险家伊克提亚尔完成的。伊克提亚尔是埃贝克驻奥德的一名军官，是穆罕默德·古尔的部将。伊克提亚尔1197年袭击了比哈尔要塞奥达塔普尔，劫掠了大量财宝。著名的佛教寺院惨遭浩劫，寺院里许多佛教僧侣被杀，寺院被毁坏。这个意外的成功使他野心骤然膨胀。1202年—1203年，他相继攻占那烂陀寺、超岩寺，劫掠并毁坏了这两座印度最著名的佛教寺院，使诸多僧侣流亡异地。佛教在一瞬间遭到空前的毁灭性打击，东印度成了印度佛教最后残留的阵地，至此，佛教在印度几近消亡。

古尔国王吉亚斯丁于1202年病逝，穆罕默德·古尔继承王位。

1205 年西旁遮普科卡尔人起来反抗入侵，并试图进占拉合尔。穆罕默德·古尔急率大军前来镇压。1206 年 3 月穆罕默德·古尔在稳定局面后的回国途中遭仇敌暗杀，在印度河岸的达姆雅克死去。

穆罕默德·古尔对北印度的征服为随后德里苏丹国的建立提供了良好的条件。

突厥人于 1206 年在印度建立了国家，自伊勒图特米什苏丹统治时起，首都迁至德里，德里苏丹国即由此得名。德里苏丹国前后经历了五个王朝阶段，共统治印度 320 年（1206 年—1526 年）。

第一个王朝史称“奴隶王朝”（1206 年—1290 年），其统治长达 84 年。“奴隶王朝”名称的渊源，充满着戏剧色彩。之所以叫“奴隶王朝”，是因为它的第一任苏丹库特卜和另外两位苏丹伊勒图特米什和巴勒班都曾是奴隶。

在先后经历了哈尔吉王朝、图格鲁克王朝、萨依德王朝及洛迪王朝后，德里苏丹政权也逐渐衰落。最终，王朝在内忧外患的形势下，于 1526 年被巴布尔一举推翻，结束了德里苏丹对印度近 320 年的统治。

巴布尔（1482 年—1530 年）由于拥有无人能敌的武功而获“老虎”绰号，是印度莫卧儿帝国的开国君主。

布里哈迪斯瓦拉神庙。

在1526年4月爆发的帕尼帕特战役中，巴布尔依靠丰富的战争经验和精良的军骑，以少胜多，战胜兵力是自己4倍的洛迪王朝的末王易卜拉欣，终结了德里苏丹国在印度的统治。巴布尔顺利地攻陷了德里苏丹国的都城德里。巴布尔是帖木儿的五世孙，帖木儿出身于突厥化的蒙古贵族家庭，由于巴布尔又可以将他的血统从母系上溯到成吉思汗，因此，由他在印度开创的帝国便被称为“莫卧儿帝国”，在阿拉伯语或波斯语中译为“蒙古帝国”。

巴布尔死后，其儿子胡马雍继承了王位，胡马雍并不具有他父亲巴布尔的军事才能和强硬的政治手段，但他的儿子阿克巴却隔代承袭了其祖父巴布尔好战的传统，阿克巴成为中世纪统一印度南北的最杰出的君主。

在15年的时间里，阿克巴用武力结合怀柔的手段统一了北印度。他又用了16年时间把版图扩展到遥远的西北地区。最后，他又用了3年的时间，平定了南方的几个王国，继而建立了一个强大的莫卧儿帝国。

为了巩固自己的政权，阿克巴对国家的内务进行改革。他命令官员重新丈量土地，将帝国分为182个税区，区分等级征税；他还废除了将战俘卖为奴隶的习俗；下令取消人头税、香客税（对朝圣的印度教徒征收的税）、田赋附加税，遇到天灾人祸时，则一律免交田赋；全国统一了度量衡，促进了工商业的发展。阿克巴这一系列“怀柔”政策，有力地缓解了因争战而带来的各种矛盾，为这段时期印度的繁荣稳定作出了巨大贡献。

胡马雍时期修建的罗塔斯要塞。

阿克巴本着相互尊重、平等互让的原则，在解决各教派间的冲突方面作了大胆的尝试。他宣布各教派平等，任用印度教人士做高级官员，自己还娶了信奉印度教的贵族的女儿做妻子。在宫廷中阿克巴采纳印度教惯例，每天清晨登上阳台接见臣民，参加印度教节庆，朝廷觐见时佩戴印度教标志等。阿克巴还尊重印度教不许杀牛的规定，而禁止杀生，还在宫中点长明灯。

阿克巴不仅在解决各教派矛盾的问题上作出了贡献，而且还为印度教的发展贡献了自己的才智。出于自己“宽容大度的个性”和“对宗教思想的追求”，阿克巴创立了一个没有上帝、没有先知、没有教务的“圣教”。这种宗教的特点是提倡廉俭，其教义是要求信徒“弃绝世俗欲望而求得救赎”。要求入教的人，可以直接见到阿克巴，将头巾放在阿克巴的手中，将头放在阿克巴的脚上，阿克巴将其扶起，向他祝福，给他戴上头巾，送他一幅自己的肖像，这个人就算入教了。这个宗教要求信徒忠于国君阿克巴。为效忠皇帝，信徒不惜献出自己的财产、生命和荣誉。阿克巴的“圣教”既无庙宇，又不祈祷，只要求教徒平时爱护动物，尽可能施舍、赈济或做善事。“圣教”不强迫别人信教。阿克巴的宗教措施，缓和了当时的宗教矛盾，使不同教派能够和平相处，莫卧儿帝国的统治也因此得到了巩固。

印度首都新德里。

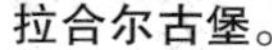

拉合尔古堡。

夏利玛尔公园。

作为国王，阿克巴一方面尊重印度教，但另一方面又对印度教的陈规陋习加以废除，反对寡妇自焚殉身、杀婴、童婚、近亲结婚以及不许寡妇再嫁等教规，这些人性化的规定，不仅是对传统文明的反叛，更表明一个社会文明的进步。

1605 年 10 月，阿克巴去世。他的后代继续统治印度五十多年（1605 年—1657 年），这一时期成为莫卧儿帝国兴盛、封建经济发展的重要时期。后期莫卧儿王朝的历史是一段战乱纷起、民不聊生、帝国主义入侵加剧并最后确立对印度殖民统治的历史。

# 辉煌灿烂的两河文明

在距今六千多年前的美索不达米亚平原出现了人类最早的文明。经过千年的沧桑，那些古老的王国只留下点点遗迹，似乎在诉说着它们昔日的辉煌。美丽的神话传说、先进的科学技术……无一不说明两河文明的不朽与伟大。

目前在两河流域发现的最早的古文明距今有六千多年。虽然巴比伦王国现已消失，但其影响（尤其宗教方面）极其深远。它位列四大文明古国之一是当之无愧的。

两河流域位于底格里斯河和幼发拉底河之间的美索不达米亚平原，北接亚美尼亚高原，南临波斯湾，东以西伊朗山脉为界，西与叙利亚草原和阿拉伯沙漠接壤。亚述在两河流域的北部，巴比伦在其南部。

美索不达米亚平原是古代人类文明的重要发源地之一。两河文明由苏美尔文明、巴比伦文明和亚述文明三部分组成，其中巴比伦文明以其卓越的文明成果成为两河文明的典范，与古代埃及、古代

印度和古代中国构成了世界四大文明古国。

两河文明以今天的巴格达城为界分为南北两部分。古亚述城为北部的中心，称为西里西亚，或简称亚述；巴比伦为南部的中心，称为巴比伦尼亚，意为“巴比伦的国土”。巴比伦尼亚又分为南部靠近波斯湾口的苏美尔地区和其北部的阿卡德地区，两地的居民被称为苏美尔人和阿卡德人。美索不达米亚文明最初就是由苏美尔人创造出来的。

楔形文字成为当时埃及和两河流域主要使用的文字体系。

苏美尔人早在公元前5000年就在两河流域繁衍生息。他们在交流中逐渐创造了象形文字。阿卡德人对它加以承袭和创新，形成了世上最古老的楔形文字。这是一种用芦苇杆或动物骨头在软泥上刻的文字，因其落笔时力大速缓，印痕宽深，提笔时力小速快，印痕浅窄，就像木楔子一样，所以称其为“楔形文字”。古巴比伦人、亚述人和波斯人都曾经把它作为自己的文字。古老的史诗《吉尔伽美什》就是苏美尔人用楔形文字把自己的神话故事刻在泥板上流传下来的。史诗讲述的是乌鲁克国王吉尔伽美什一生中的诸多传奇故事。

古巴比伦王国建立于公元前2006年。在苏美尔人的基础上，古巴比伦人创造了更为璀璨的文明。现今在法国巴黎的卢浮宫里人们仍可以看到《汉穆拉比法典》这部至今保存最完整、也是最早的成文法典。该法典全文共3500行，内容涉及盗窃、动产、奴隶、对不动产的占有、继承、转让、租赁、抵押，以及经商、借贷、婚姻、家庭等方面，对研究古巴比伦王国具有极高的学术价值。

时光飞逝，历史的车轮滚滚前行。公元637年，波斯人被阿拉伯人击败，两河流域并入阿拉伯帝国的版图之中。在阿拔斯王朝统治时期，阿拉伯帝国将首都从大马士革迁到底格里斯河河畔的巴格达，巴格达遂成为阿拉伯帝国的政治、经济和文化中心。帝国首领

幼发拉底河。

哈里发的皇宫用大理石砌成，城门以精雕细刻的花草、动物图案为装饰，窗户镶嵌着彩色玻璃，墙上挂着精美的壁毯；宫廷大院内有喷水池和种植奇花异草的花坛。夜晚，帝国的贵胄显宦、皇亲国戚聚集宫中，仙乐飘飘，载歌载舞，通宵达旦。宫廷外围则是另一番景象。那里水渠纵横，沃野千里，田禾茂盛。密密麻麻的商船停泊在两河沿岸的码头上，河畔城市的市场繁荣，贸易兴盛。以巴格达为中心的阿拉伯帝国在统一的经济和政治条件下，创造了高度发达的文明。麦蒙统治时期，巴格达建立了智慧馆，翻译了古希腊重要的哲学和自然科学著作。由阿拉伯数学家引进印度的“十进制”和数字“0”，现在仍被人们所使用。阿拉伯文学名著《一千零一夜》至今被人们所钟爱。这诸多文明的传入，促进了其文艺复兴和近代自然科学的建立。

## 两河文明的历史及文化

公元前4000年前后，来自东部山区的苏美尔人是两河流域文明的最早创造者。他们会制陶，并发明了文字，考古资料显示，当时处在原始社会解体时期。公元前3000年，苏美尔人建立了城邦，在公元前24世纪被阿卡德王国所灭。

萨尔贡一世是阿卡德王国的创建者，阿卡德王国在公元前 2191 年覆灭。阿卡德王国国力强盛时疆界直到伊朗西部，叙利亚和小亚细亚。乌尔城的乌尔纳木于公元前 2113 年前后统一了苏美尔和阿卡德，建立了乌尔第三王朝，在政治上实行中央集权制度。公元前 2006 年被埃兰人和阿摩利人所灭。在公元前 1894 年阿摩利人建立了巴比伦城。

起初，巴比伦比较弱小，到第六代国王汉穆拉比时期逐渐强大，他统一两河流域，建立了古巴比伦王国，并颁布了《汉穆拉比法典》。到公元前 1595 年巴比伦王国被赫梯人所灭。

大约在公元前 10 世纪末，亚述王国在几经兴衰后终于崛起，成为强大的帝国。亚述帝国统治了两河流域，至公元前 7 世纪，两河流域、叙利亚、巴勒斯坦和埃及都被纳入亚述帝国的势力范围内。亚述帝国在亚述王巴尼帕统治时国力达到鼎盛，步入铁器时代。公元前 605 年亚述帝国被迦勒底人所灭。

刻有亚述国王巴尼帕头像的浮雕。

描绘苏美尔城邦间争斗的艺术作品。

公元前626年迦勒底人在巴比伦建国，史称新巴比伦王国，或迦勒底王国。在尼布甲尼撒二世时，占领了叙利亚、腓尼基、巴勒斯坦，灭了犹太王国，俘虏“巴比伦之囚”，迦勒底帝国兴盛一时。也就是在这一时期修建了空中花园，重建马尔杜克神庙。到公元前538年新巴比伦王国被波斯帝国所灭。

## 美索不达米亚的文明

公元前3500年—前3000年，当埃及在法老的统治下得以统一时，另一个伟大的文明在美索不达米亚，即两河流域崛起。在后来将近三千年的时间里，虽然这两个相互竞争的文明中心在诸多方面相互关联的，但它们仍然保持着自己的特点。促使两地居民放弃新石器时代村落生活方式的压力很有可能是相同的，但是底格里斯河和幼发拉底河的河谷不像尼罗河三角洲那样，狭窄沃土的两边由沙漠护卫，而更像一个宽大的浅槽，并且缺少天然屏障。两条大河及其支流纵横交错，很容易受到来自各个方向的侵犯。

在这种地理条件下，很难有一个首领能把两河地区统一。而且事实上，直到美索不达米亚文明开始近一千年后才出现了这样有能力的统治者。他们虽然在短期内便取得了成功，可代价则是连绵不断的战争。在如此动荡不安的历史背景下，其文化艺术传统却得以延续，这尤其令人叹服。这一宝贵遗产大部分是由美索不达米亚文明的先驱们创造的，因为他们居住在底格里斯河和幼发拉底河交汇的苏美尔地区，所以被称为苏美尔人。

根据考古发现，在苏美尔地区的青铜文化最早约在公元前4000年。遗憾的是，由于美索不达米亚地区没有石料，苏美尔人只能用泥砖和木料建造房屋，因此除了地基之外，他们的建筑几乎没有遗存。虽然在乌尔发掘了一些早期王朝时期陪葬品丰富的坟墓，但苏美尔人并不像埃及人那样关心来世。因此，对苏美尔人的了解在很大程度上要依靠考古出土的、刻有文字的泥板等文物残片。

每一个苏美尔城邦都有自己的保护神，并被看做是“城邦之王”和城邦的所有者。因此产生了“神权社会主义”的经济体制。神庙是这种社会的管理中心，操纵着人力和资源进行诸如修筑堤坝、灌溉沟渠之类的公共劳动。农业收成的很大一部分由神庙收取和支配。这都需要文字作出详细的资料记载，因为文字是神职特权，所以大部分早期苏美尔地区的文字资料理所当然是关于经济和行政而不是关于宗教的。

苏美尔的城市规划突出地反映了神庙在人们精神和物质生活中的统治地位。居民住房聚集在圣地周围，圣地是一个巨大的建筑群，不仅有神庙，还有作坊、储藏库以及书吏室。正中有座高台，上面坐落着供奉当地保护神的殿堂。这些高台被称做吉库拉塔。

乌鲁克女性头像的写实主义风格在早期王朝时期的石雕中并没有承袭下来，而几何的表现方式却得以沿袭。这在比该雕像晚500年的“特拉斯玛群雕”中有所体现。最高的石像为76.2厘米，代表植物之神阿布，次高的是母神，其余的都是祭司和朝拜者。高大的身材和超大的瞳仁是两位神同凡人的区别，其他凡人

楔形文字。

的眼睛也很大，他们专注的目光也因镶嵌的色彩而得到强化。全部群雕立在阿布·辛拜勒神庙的内殿里，祭司和朝拜者面神而立，通过眼睛与神交流。

若说埃及雕刻家的形式感来自立方体，那么苏美尔人则是以锥形和圆柱形为其作品的造型基础的。雕像的手臂和腿如同圆管，人物穿的裙子平滑得像是用车床加工过似的。即使后来美索不达米亚雕刻艺术中的形式已非常丰富的时候，这种特点还是反复出现。

在东北方的部落居民来到美索不达米亚后，阿卡德王国的统治便宣告结束。这些部落居民占据该地达半个世纪之久。公元前2125年，乌尔国王把他们驱逐出美索不达米亚，并建立了一个历时百年的统一国家。

苏美尔人物陶俑。

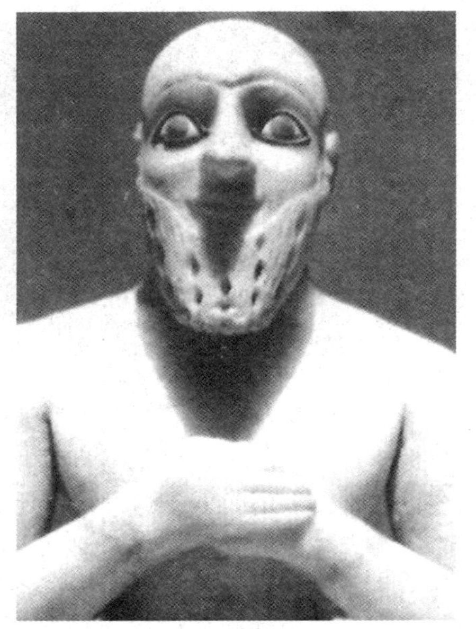

在外来者统治时期，苏美尔地区的一个小城邦拉加什（今泰洛赫）曾成功地保持了独立。古蒂亚作为该城邦的领主行事十分小心，他大规模改建神庙促进人们对神的崇拜，并把国王的称号留给城邦神，但古蒂亚将自己的雕像放在神龛中，现今已经发现的此类雕像约有20个。其雕像的材料是古埃及雕刻家常用的硬度极高的闪长岩，此类雕像比特拉斯玛的作品更为气派。虽然古蒂亚热衷于苏美尔的传统形式，但他不慕世俗权力，而是以和神的亲密关系为荣。

美索不达米亚在公元前2000年时处于持续动乱年代，喜克索人在这时来到了埃及，使底格里斯河和幼发拉底河流域遭到了破坏性打击。在公元前1760年—前1600年，当地统治者才掌握了政权。当时的巴比伦扮演着过去阿卡德和乌尔的角色，巴比伦王朝的开创者汉穆拉比是那个时代最伟大的人物：他有过人的军事才能，并对苏美尔的传统极其尊重。在汉穆拉比及其继位者的统治下，巴比伦成为苏美尔地区的文化中心，即使在其衰亡千年之后，该城还享有极高的声誉。

刻有《汉穆拉比法典》的石碑。

汉穆拉比最伟大的成就是制定了《汉穆拉比法典》。这部法典不仅是最早的、系统的成文法典，更以其理性而著称于世。汉穆拉比将法典刻在一块高大的石碑上，碑顶是他面对太阳神的场面，他做出说话的姿态并且抬起右臂，仿佛是在向神主汇报编纂法典时的情景。石碑上的浮雕刻得比较深，与纳拉姆—辛石碑上近似绘画的浅浮雕相比，上面的两个人物似乎是劈为两半的圆雕。用圆雕方法处理的雕像眼睛更加强了汉穆拉比和太阳神沙玛什对视中的力度与直接性，这在此类作品中是独一无二的。它常会让人联想到特拉斯玛群雕，其圆睁的眼睛表现了苏美尔文明初期人们企图与神建立联系的渴望。

## 古巴比伦帝国

历史上曾经有两个巴比伦帝国，这里介绍的是古巴比伦帝国，这是为了和后来的新巴比伦帝国相区别而命名的。古巴比伦的崛起标志着美索不达米亚文明进入了第二个重要阶段。

最初巴比伦只是幼发拉底河边的一个不知名的小城市。约在公元前2200年，来自叙利亚草原的另一支闪族阿摩利人占领了这座小城，建立了国家，并最终建立了强大的巴比伦国，史称“古巴比伦国”。因此，阿摩利人也被称为巴比伦人。通常人们喜欢用“巴比伦”三个字来概括古代两河流域文明，这足以证明巴比伦文明的辉煌成果及对世人的吸引力。

巴比伦第一王朝的第六位国王汉穆拉比是古巴比伦杰出的国王（约公元前1792年—前1750年在位），可以说是他缔造了巴比伦帝国。泥版文献记载，汉穆拉比是一位聪明绝顶、精明强干的青年，富有雄才大略，是巴比伦历届国王中最出类拔萃的一位。他登上王位后，立即着手进行统一两河流域的战争。最终，除北部的亚述，汉穆拉比基本上统一了两河流域，最后定都巴比伦城。

汉穆拉比在巴比伦帝国建立了君权神授的中央集权制度。他不仅设置了中央政府机构，还派总督对较大的地区进行管理，城市和较小的地区则派行政长官管理。而全国大小官员都由汉穆拉比亲任。他还建立了一支庞大的常备军，并且独揽了军事大权。在经济方面，

国家对地方征收各种赋税，并统一管理全国的水利系统。总之，在汉穆拉比时代，一切都显示着巴比伦的辉煌与兴盛：宫殿的繁华、神庙的巍峨、横跨幼发拉底河的大桥，跨海运输的商船……巴比伦城不只是强大的王朝，更是世界性的交流中心。

在公元前 18 世纪，汉穆拉比编纂了世界上第一部成文法典，史称《汉穆拉比法典》。它被认为是人类社会有史以来的第一部成文法典，楔形文字和人像浮雕刻在一个 2.25 米高的石柱上。石柱顶部刻着太阳神和汉穆拉比的浮雕，圆周为 1.65 米；底部刻有楔形文字约 8000 个，包含 282 条法典，圆周为 1.9 米。法典内容庞杂，有诉讼手续、盗窃处理、租佃关系、债务赔偿、婚姻立嗣、遗产继承、奴隶地位等民、刑事的处理原则。法典绝对维护奴隶主的特权，如第七条规定奴隶出卖主人财产应被处死；第二百零五条规定奴隶否认主人、或打自由人嘴巴者，应被处以割耳之刑。这部法典对国王、奴隶主与自由民、奴隶之间的阶级关系都有规定，还规定保护孤寡，将债奴期缩短为三年等等。这不仅对历史有进步性的意义，而且在

巴比伦帝国如今只剩下这些残垣断壁。

人类社会法制领域开创了先河。公元1901年，记载这部法典的黑色玄武岩圆柱在伊朗苏萨城发掘出土。原物现珍藏在法国巴黎的卢浮宫中。

## 美索不达米亚生活方式

与新石器时代早期文化一样，地理环境深深地影响着古代欧亚大陆诸文明的生活方式。对美索不达米亚来说，地理位置的影响表现得尤为明显——这里是指该地区容易遭受侵略这一点。在一定意义上说，美索不达米亚的历史，就是来自北面的入侵者印欧人与来自南面的入侵者闪米特人为争夺这片肥沃的土地而展开的长达数千年的斗争的历史。

奇怪的是，对于美索不达米亚文明的创造者苏美尔人，人们很难确定其是印欧人还是闪米特人。但无论如何，是苏美尔人在美索不达米亚南部开掘沟渠，依靠复杂的灌溉网，成功地利用了底格里斯河和幼发拉底河湍急的河水，继而创建了世界上第一个文明。到公元前3000年时，苏美尔地区已出现了12个独立的城市国家。各城市国家相互征战不休；战争愈来愈专业化，并付出了昂贵的代价。结果，这大大削弱了苏美尔人的力量，最终使他们臣服于闪米特人。闪米特人以阿卡德为基地，首先征服了整个苏美尔，最后建立起一个从波斯湾到地中海的庞大帝国。

阿卡德帝国存在的时间很短。这样，苏美尔人的城市国家又一个个重新复出，直到乌尔城邦崛起，建立起一个纯粹的苏美尔人的帝国。这一帝国从公元前2113年—前2006年，延续了一个世纪。在这期间，作为闪米特游牧民族的阿摩利人侵入两河流域，在汉漠拉比（约公元前1704年—前1662年）的率领下，建立了巴比伦帝国。这种连续入侵的模式一直持续到近代，因

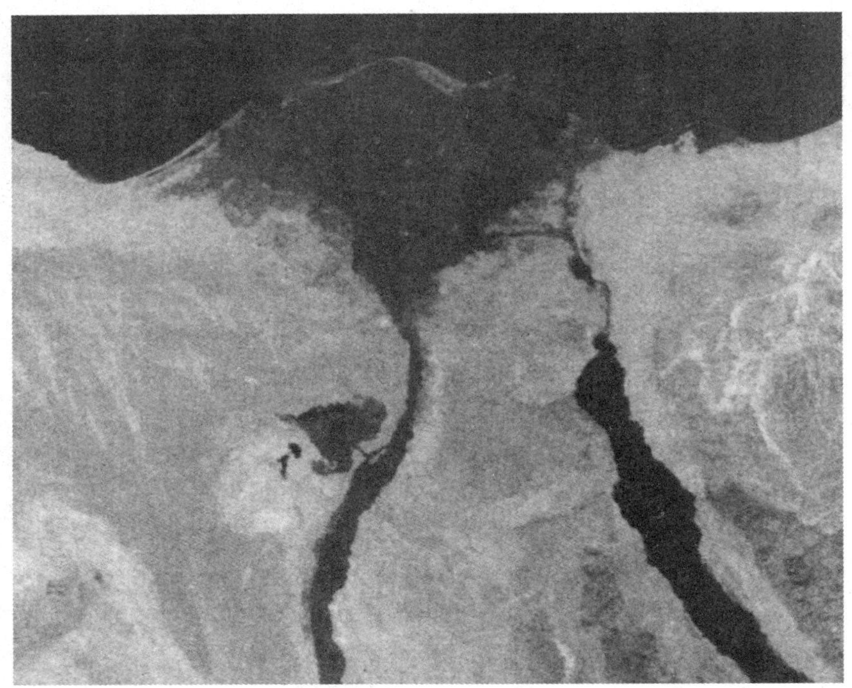

为继阿摩利人之后还有赫梯人、亚述人、波斯人、马其顿人、罗马人、阿拉伯人和突厥人等入侵者。

虽然这些帝国可资夸耀，但古代美索不达米亚文明实质上还是城市文明和商业文明。每座城市都尊奉一个主神，城市被认为是主神的神圣附属物。每座城市都有一个包括石匠、铁匠、木匠、陶工和宝石匠的手艺人阶层。自由市场上他们出售自己的手工艺品，买主以支付货币或实物交换的形式来获得这些手工艺品。货币通常是银块或银环，每次交易时都要称其重量。

城墙外面是农田，城市居民的生活全靠农田的收成。大部分土地以大地产的形式被国王、祭司和一些富人占有。他们将土地划分成小块份地，连同种子、农具和耕畜一起分配给为他们服务的农人。农人则提供劳动、自行经营，然后将生产出来的剩余成果缴纳给寺院、宫廷或地主作为报答。

经营地产时需要记账，如：从佃耕的农人那里收到的地租，牧群的头数，牲畜所需的饲料的量，下次播种所需的种子的量，以及关于灌溉设施和灌溉计划的一切复杂的细节，都需要上账或记录。管理事项和账目的人，用削成三角尖头的芦苇杆当笔，在泥版上刻写文字。这种被称为楔形文字的最早的文字形式是经营管理时的一种工具。

巴比伦陶俑。

对于洪水的恐惧，加之无止息的外族威胁，使苏美尔人深刻感到面对无法控制的力量时的孤单无助。因而，他们用各种方法来预测变幻莫测的未来。

美索不达米亚人也企图通过编制完备的法典来减轻笼罩人们的不安全感。《汉穆拉比法典》是其中最杰出的一部，后来成为闪米特人和其他各族制定法律的基础。法典本文共282条，旨在明确地、永久地调整一切社会关系。因而，这部法典不仅阐明了古巴比伦的法律制度，也照亮了当时的社会。以下是法典的

《汉穆拉比法典》铭文。

几个主要特点：

1. 施行同态复仇法，即奉行以眼还眼、以牙还牙的原则："如果一个人伤了贵族的眼睛，则还伤其眼。如果一个人折了贵族的手足，则还折其手足。"（法典第一百九十六条、第一百九十七条。）

2. 阶级歧视；对下层社会的赔偿低于上层社会："如果贵族阶层的人打了贵族出身的人，须罚银一明那。如果任何人的奴隶打了自由民出身的人，处割耳之刑。"（法典第二百零三条、第二百零五条。）

3. 施行严格的、保护商业界财产的规定："如果一个人盗窃了寺庙或商行的货物，处死刑；接受赃物者也处死刑。"（法典第六条。）

4. 颁布许多"福利国家"的规定，其中包括：确定基本商品每年的价格，限制利息率在 20%，周密地调整家庭关系，保证度量衡的信誉，城市负责对已侦破的抢劫案或凶杀案的受害者作出赔偿。"如果没有抓获拦路的强盗，遭抢劫者须以发誓的方式说明自己的损失，然后由发生抢劫案的地方或地区的市长或地方长官偿还损失。""如果是一条性命'已失去'，市长或地方长官须付银子一明那给死者亲属。"（法典第二十三条、第二十四条。）

5. 具有现代人之前各民族的共同特点——对过去、现在和将来持静止的观点。法典是作为神的命令，为了人类的利益能受到公正的对待而颁布的。法典生动、尖刻地诅咒了以后任何敢于篡改法典的统治者："怨声载道的统治，寿命不会长，将出现连年饥荒、一片黑暗、突然死亡，……他的城市将毁灭，人民将离散，王国将更换，他的名字永远被人遗忘……他的幽魂'在地狱里'喝不到水。"

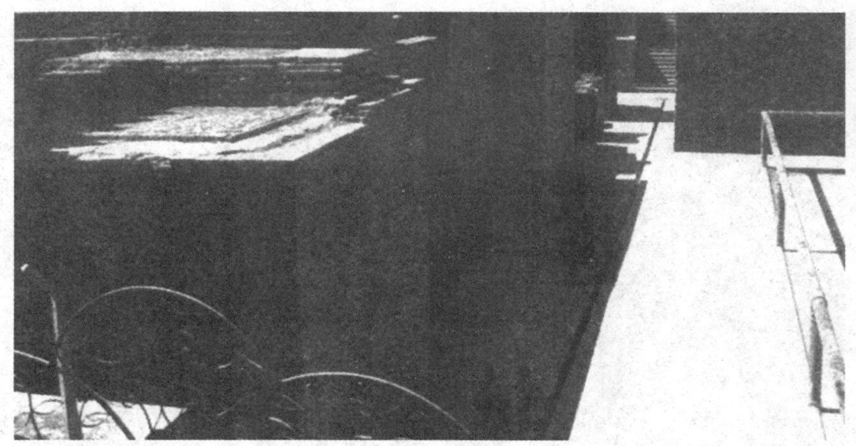

古巴比伦城遗址。

## 尼布甲尼撒

巴比伦王国在汉穆拉比后期由盛而衰，约在公元前1595年，古巴伦王国灭亡。一千多年后，一支闪族迦勒底人在巴比伦建立了其历史上最后一个独立王国。迦勒底人建立的巴比伦王国被称为“新巴比伦”，这是为了与被赫梯人灭掉的古巴比伦王国相区别。尼布甲尼撒二世是新巴比伦王国最著名的国王，他的名字与“巴比伦之囚”和“空中花园”连在一起。

“巴比伦之囚”源起于公元前601年。这一年尼布甲尼撒二世与埃及再度交战，结果铩羽而归。一直受制于尼布甲尼撒二世的犹太国王约雅敬，便趁机投向了埃及的麾下。尼布甲尼撒二世在听到消息之后，发誓要踏平耶路撒冷。投降埃及的犹太国王约雅敬于公元前598年死去，其儿子约雅斤即位。尼布甲尼撒二世便亲率大军进攻耶路撒冷。经过两个多月的围攻，在犹太内部亲巴比伦派的推动下，犹太国王出城投降。尼布甲尼撒二世废黜了约雅斤，立其叔叔为犹太王，并为其改名西底家，让他宣誓效忠新巴比伦王国，不许反叛。然后尼布甲尼撒二世下令将犹太王室的大部分成员和犹太国的能工巧匠一起押往巴比伦。

公元前588年，巴勒斯坦地区受到了埃及的进攻。这时犹太国

王西底家和这一地区其他臣服于新巴比伦的小国，纷纷起来响应埃及人。不久，尼布甲尼撒二世率军队对耶路撒冷进行第二次围攻。这次围攻历时18个月，耶路撒冷最终在公元前586年陷落。尼布甲尼撒二世对反复叛变的犹太国王无比痛恨，下令在犹太国王西底家的面前处死他的几个儿子，接着又命人剜去了西底家的眼睛，然后下令用铜链锁着西底家把他带到巴比伦去示众。耶路撒冷全城也惨遭洗劫，城墙被拆毁，神庙、王宫和许多民宅被焚毁。全城活着的居民几乎全被掳到了巴比伦。这就是历史上有名的“巴比伦之囚”。

古巴比伦城遗址。

在尼布甲尼撒二世统治时期，为了显示其文治武功，尼布甲尼撒二世下令重修巴比伦城。整座巴比伦城呈方形，每边长22.2千米。围绕城市的城墙大约有8.5米高，用砖砌和油漆浇灌而成。该城墙不仅可以抵御敌人的进攻，而且还可以保护城池不受河水泛滥之害。同时，幼发拉底河也是有效抵御外敌入侵的天然屏障。

传说中的空中花园。

闻名全球的巴比伦伟大建筑——“空中花园”，来源于一个美丽的爱情故事。据说在公元前614年，尼布甲尼撒二世即位后不久，就迎娶了米底（现今的伊朗）公主赛米拉斯做王后。但是，这位王后来到巴比伦后，对一片平原、满地黄土的巴比伦很失望，于是患上思乡病。本来非常美丽的公主，变得愁眉紧锁，容颜憔悴。

这下可急坏了尼布甲尼撒二世。于是，他下令召集了几万名能工巧匠，人工堆起一座边长一百二十多米、高 25 米（用石柱和石板一层一层向上堆砌）的大假山。假山一共有 7 层，为了防水，每层都铺上了浸透柏油的柳条垫。上面又铺上两层砖头，还浇铸了一层铅。经过这些步骤之后，才在上面一层一层地培上肥沃的泥土，种植许多种奇花异草。这些花木远看犹如长在空中，所以叫做“空中花园”。为了解决向空中花木浇水的难题，建筑师又特意设计了机械的提灌设备，用螺旋泵从幼发拉底河里提水。这在当时是一项非常艰难的事业！空中花园又被称为“悬挂的天堂”，成为古代世界七大奇迹之一。

除了奇花异草，空中花园里还建造了富丽堂皇的宫殿，这样国王和王后就可以在这座宫殿里游览全城的风光。据说，米底公主见此兴高采烈，思乡病一下子全好了。

国王尼布甲尼撒二世在位期间（公元前 604 年—前 562 年），由于其地缘优势，新巴比伦吸引了各国商人，成为当时亚洲西部最著名的商业文化中心，被誉为“上天的门户”，同时也大大发展了奴隶制经济。但是，在强盛的背后，新巴比伦却潜伏着危机，而巴比伦的奴隶主们仍忙于争权夺利，纵情享乐。公元前 538 年（大约在中国春秋末年）的一天晚上，波斯王居鲁士下令在幼发拉底河中修筑了一座水坝，把河水堵到坝的一边去。他的军队从另一边放干水的河床中潜入城里，就这样波斯军队未经交战就占领了巴比伦城。

新巴比伦王国仅存在了 88 年就灭亡了。

# 欧洲文明

OUZHOU WENMING

# 魅力四射的古希腊文明

西方文明起源于希腊。古希腊的人文和科学精神是西方文明重要的思想来源。因此可以说古希腊文明是西方文明之母。德谟克利特的原子论、毕达哥拉斯的数的审美学说、亚里士多德的逻辑方法更成为西方近代科学产生的三个重要思想前提。

欧几里得塑像。

## 古希腊文明简介

古希腊是西方文明的源泉，爱琴海区域又是古希腊文明的发源地。爱琴文明发源于克里特岛，后来文明的中心又转至迈锡尼，因此爱琴文明亦被称为“克里特—迈锡尼文明”。

克里特文明又称“米诺斯文明”，这一称谓源于古代希腊神话中克里特王米诺斯的名字。地中海东部的克里特岛是欧洲最早的古代文明中心，是古代爱琴文明的发源地。公元前2000年克里特岛上出现了欧洲最早的奴隶制国家克诺索斯。克里特文明拥有兴旺的农业和海上贸易，宫室建筑及绘画艺术亦很发达，是世界古代文明的重要一支。公元前1450年前后，希腊人主宰克里特岛，并逐渐与当地原有居民融合，克里特文明随之湮灭。公元前16世纪上半叶出现的

克里特岛沿岸风光。

迈锡尼文明，分布在希腊大陆及爱琴海诸岛。该文明得名于希腊最强大的王国的首都迈锡尼。爱琴文明是古希腊文明的开端，它前后历时800年才衰亡。

公元前8世纪，希腊人建立的城邦出现于希腊本土和小亚细亚西海岸，后来以斯巴达和雅典最为繁荣。到了公元前5世纪，希腊地区空前繁荣，奴隶制经济高度发展。当时的雅典不仅是希腊最繁荣的城邦，还是地中海的霸主。

在古希腊时期，产生了世界上一批最伟大、最富创造性的智者：哲学家苏格拉底、柏拉图和亚里士多德；剧作家埃斯库罗斯、阿里斯托芬；历史学家希罗多德和修昔底德等。这些人是人类有史以来最伟大的一群人，他们拥有着最伟大的思想。

古希腊的时代虽已终结，但古希腊灿烂的文明仍闪动着耀眼的光辉。它在之后的几个世纪里一直照耀着西方的知识界。即使是历经千余年的沧桑，它仍能再次唤醒人们对理性、对人性的关注。

## 文明兴起时代——荷马时代

公元前12世纪—前8世纪，希腊历史走过了从落后倒退又重新复苏的曲折发展阶段。这一时期的主要文化遗产是《荷马史诗》，它是欧洲最早的文学巨著，由《伊利亚特》和《奥德赛》两部作品构成。相传作者为希腊的荷马，所以被称为《荷马史诗》。

《荷马史诗》的诗体是“六音节诗”，六音节诗是古代游吟诗人常用的一种诗体，其每行约12个轻重音，朗诵起来很悦耳。《伊利亚特》共24卷，15693行，主要叙述希腊盟军围攻特洛伊的故事。因盟军统帅阿伽门农抢走了阿喀琉斯的女奴，英勇的将领阿喀琉斯愤然退出战场，使希腊人屡遭失败。后来阿喀琉斯的好友在战斗中被杀，激怒了阿喀琉斯，于是他重新投入战争，杀死了特洛伊主将赫克托尔，特洛伊国王普里安姆讨回了赫克托尔的尸体并举行葬礼。至此，这部壮丽的史诗完结了。《奥德赛》共12110行，主要叙述伊大卡国王奥德修斯在攻克特洛伊后回国途中10年漂泊，历经艰险的故事。诗中描写了奥德修斯在回国途中海上历险的故事。在他流落异域期间其妻子被伊大卡及临国贵族们欺侮，并被逼迫改嫁，她巧施计谋拖延求婚者。最后，诸神可怜奥德修斯，让他扮成乞丐还乡归家，与妻子一起除掉求婚的贵族们，从而恢复了他在伊大卡王国的权力。这两部宏篇巨制的史诗，不仅是古代西方文学的宝贵财富，而且为人们解读迈锡尼文明灭亡后的希腊社会提供了十分有价值的线索。作为希腊民族童年时代写照的《荷马史诗》，不仅为研究希腊文明起源提供了宝贵文献资料，更反映了当时人类所共有的特征，具有很高的认识意义和研究价值。

荷马和他的向导。

经德国学者谢里曼和英国学者伊文思证实，《荷马史诗》的创作是有一定历史依据的。公元前10世纪前后，史诗初步形成，但叙述的都是公元前2000年—前1000年初地中海东部一带的氏族社会向奴隶社会演化的壮美故事。史诗开始时以民间口头形式流传，后来在流传过程中不断加工创新，使语言更加凝练，内容也更加丰富。再后来故事和情节被固定下来，又经过几个世纪的加工修改，最后才形成了现在的形式。至于作者荷马，或许并无其人，只是史诗的一个名称；或许他就是史诗中所赞颂的英雄的原型或一个代表；也可能是他把民间传说以叙事诗的形式用文字确定下来的。但人们大都相信，荷马这个人在历史上真实存在，他是这两部史诗的创作者，也是把古代英雄传说用史诗这种艺术形式表现出来的伟大诗人。古代希腊许多职业歌手、乐师或文学艺人都是盲人，他们或是被人弄瞎成为专事歌乐的奴隶，或是因生病导致双目失明而选择这种职业以求谋生，传说荷马也是一位盲人，这或许有一定的历史根据。

荷马时代大致处于野蛮时代高级阶段的顶盛时期。我们从荷马史诗特别是《伊利亚特》中可以看到：完善的铁器、风箱、手磨、陶工的辘轳、榨油和酿酒业，作为手工艺的金属加工、货车和战车、用原木和木板造船、设有雉堞和箭楼的城墙围起来的城市。荷马史诗以及全部神话是希腊人"由野蛮时代进入文明时代的主要遗产"，这些遗产有助于人们了解荷马时代的社会状况。

## 斯巴达和雅典国家的形成

在希腊各城邦形成初期，公民有较大的政治权力，成年男性公民可以参加公民大会，这实际上是军事民主制下民众会的延续。后来，政权被氏族贵族独占。贵族们为了巩固其特权地位，大量地从贵族中选举官员，极力削弱公民大会的权力，将一切权力都集中在由议事会转化而来的贵族会议手中，使公民大会成为一种形式。在当时，平民的主要成份是农民，也包括手工业者。随着贵族政治的推行，平民与贵族的矛盾也日益强烈。平民与贵族的斗争促使奴隶制民主政治加快发展。特别是雅典这样的大城邦，在斗争发展过程中建立起来的较彻底的民主政治，不仅对希腊各城邦产生了很大影响，而且在世界文明史上首创了民主政治的新形式，对人类社会的进步作出了重要贡献。

需要说明的是，在希腊各城邦平民与贵族斗争过程中，曾出现过"僭主政治"。僭主政治起初具有一定的进步意义，它实际上是希腊民主政治的一种前奏，但因其后来走向反面而未能持久。

伯罗奔尼撒半岛东南部拉哥尼亚地区的东、北、西三面环山，山下有一个比较肥沃的小平原。在迈锡尼文明时期，早期奴隶制城邦就在那里出现了，这就是《荷马史诗》中提到的斯巴达。

科林斯僭主佩里安德。

早在公元前2000年，一批由阿卡亚人组成的希腊部落就已经来到伯罗奔尼撒的拉哥尼亚平原。在迈锡尼文明时期，斯巴达曾是希腊本土上一个重要的文明中心。大约公元前1200年，另一批由多利亚人组成的希腊部落南下到达伯罗奔尼撒，他们驱逐了先前的居住者阿卡亚人，占领了该地区。我们常说的“斯巴达”指的就是占领这里的多利亚人。这些多利亚人分为三个部落，他们正处于原始公社瓦解时期。在斯巴达定居下来后，多利亚人的血缘关系逐渐融合在地域关系之中，到公元前10年—前9世纪，逐渐形成地域关系的5个村落代替了原来的三个部落，5个村落又结成一体，组成了斯巴达。

多利亚人在巩固了斯巴达的统治权后，于公元前800年—前730年使整个拉哥尼亚地区臣服于斯巴达。他们把拉哥尼亚原有的居民变为集体所有的奴隶，称他们为“希洛人”；而把另一部分人驱逐到边远地区，作

斯巴达废墟。

为政治上从属他们但有人身自由的自由民，称其为“皮里奥西人”，意思是住在边陲之地的邻人或周围地区的居民。希洛人耕种田地，按规定向斯巴达人缴纳谷物，主人不得超出规定多要产品，也不能将它们私自变卖，这种做法不会使公民内部分化，便于斯巴达社会的内部稳定。公元前 8 世纪后期，斯巴达人又进攻西边邻邦麦西尼亚，经过几十年战争，到公元前 7 世纪中期，则完全征服了麦西尼亚，其中绝大多数居民沦为希洛人少数边远城市的居民成为皮里奥西人。

通过上面的内容可以总结出，斯巴达人、希洛人和皮里奥西人三个阶级集团构成了斯巴达社会的阶级结构。

斯巴达在政治制度上属于奴隶主贵族专政的国家。在政体上，斯巴达实行“奴隶主贵族寡头政治”，其国家机构由国王、公民大会、长老会议和监察官组成。那里有两个权力完全相等的世袭的国王，他们享有很高的荣誉和地位，在平时充当祭司长和裁判官的角色，负责主持国家祭祀和处理家族方面的案件。战争时期一个统军出征，一个留在国内镇守。长老会议是斯巴达的最高权力机关，共 20 名成员，两个国王既是成员，也是会议的主持者，其余 18 人是由公民大会在年龄超过 60 岁的贵族中选举出来的，终身任职。国家的一切大事先由长老会议讨论决定，然后再交公民大会通过。长老会议也是最高的司法机关，所有民法、刑事和国事案件都由长老会议来审理。公民大会每年选出 5 名“监察官”，以强化国家政治，并对国家行政事务进行监察，及对国王和长老进行监督，同时也负责镇压希洛人的反抗。公元前 7 世纪后半期，监察官的权力不断扩大，他们有权审判国王甚至决定处死国王，他们可以从两个王族中挑选并决定王位的继承人，可随时对一般公民以违规犯纪的罪名逮捕甚至处死。不仅如此，监察官也取得了代替国王主持长老会议和公民大会的权力。

斯巴达人雕像。

斯巴达奴隶主贵族阶级为了保证其统治地位的稳固，实行本阶级内男性公民完全脱离生产劳动，终身为适应国家要求过着军旅生活的政策。从生到死斯巴达人都不是属于自己的。如果没有得到长老的许可，是不得养育新生儿的，其父亲要先把婴儿送到长老处，经长老决定婴儿是生存还是被丢至“弃婴场”。斯巴达贵族就是用这种野蛮方法去弱留强，来保持公民的所谓“优性”。被允许生存的男孩，7 岁就要开始离家到军营里接受严格的军事训练。在斯巴达，对年青人的一切教育，都带有军事的性质。少年时要经受衣食不足、日夜操练等艰苦生活考验；年青人终年光着脚，一律着粗布衣服，大部分时间在固定的团队里，从事军事锻炼和各种运动，饮食、睡眠都在一起，并让他们终年睡在手工编织的粗糙的芦苇席上，以锻炼其吃苦精神和坚强意志。为了考验年青人的肉体承受能力，神庙里设有鞭笞未成年人的制度，每年他们都要跑到神像面前，承受在女祭司监视下的鞭打。手持女神塑像的女祭司，通过举高或放低神像来指示鞭打力度的强弱。贵族们认为，年青人是斯巴达社会的未来和主要力量，因而他们必须接受艰苦残酷的教育和锻炼。少年和青年必须奉命去做苦工，而且要绝对服从、毫无怨言。对贵族女子的教育也很独特，她们在出嫁前也要接受跟男子一样的体育锻炼，

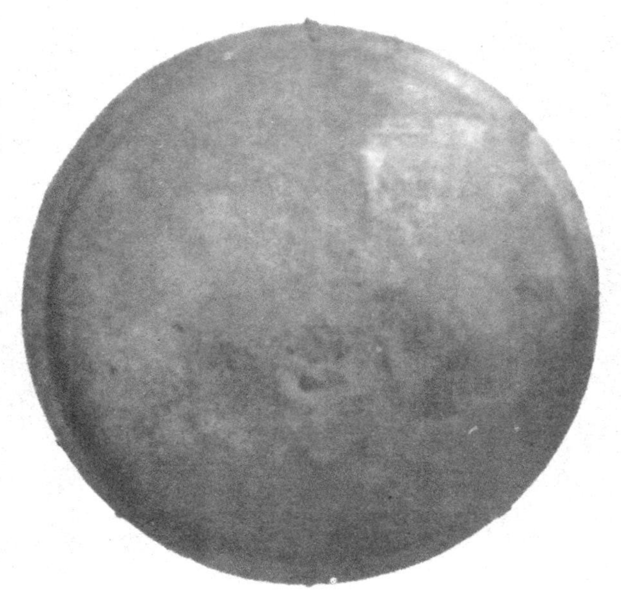

古希腊武士使用的盾牌。

因为竞走、格斗、掷铁饼、投标枪、拳击等运动可以让少女们强身健体，这样，她们生育的孩子就会有一个健康结实的身体。

经过严格锻炼的贵族青年，到了20岁就成为战士和公民，可以从事政治活动。他们20岁服兵役，60岁解甲归田过平民生活。他们不仅有强健的体魄，过硬的军事技术，更有忠于国家、不怕牺牲的军人气度。多少年来，斯巴达出现了许多英勇善战、视死如归的英雄人物，这些可歌可泣的英雄，不仅使希腊各城邦闻之丧胆，而且激励着一代又一代斯巴达人。

然而，这种尚武轻文的军国主义制度，严重扼杀了斯巴达人的创造性。在辉煌灿烂的希腊古典文明中，斯巴达人几乎没有什么大的建树和贡献。

雅典位于希腊中部一个名为阿提卡的半岛上。这里有许多优良港湾便于航海贸易的发展；岛上有可供开采的陶土和大理石，还有铁、锌、银等丰富的矿藏，这些又为手工业发展提供了良好的原料。

雅典城邦国家的建立，与忒修斯政治改革密切相关。据说在早期，地中海岛国克里特统治着雅典，雅典每年要向米诺斯神牛（牛头人身怪物）献7名童男和7名童女。这年当克里特再次索要童男童女时，雅典王子忒修斯向他的父王埃勾斯提出要自充童男，再给他13个人，去征服米诺斯神牛，以解除人民苦难。国王为这种替国雪耻的壮志雄心所打动，答应了他的要求。临别时国王对忒修斯说：如果你取得成功并平安归来，返回时就把船上的黑帆换成白帆，以释父亲悬念。到了克里特后，忒修斯借助克里特国王女儿的帮助，杀了神牛，成功返回雅典。但兴奋过度的他忘了取下船上黑帆换上白帆，因此老国王埃勾斯看到船上仍挂着黑帆，判定儿子葬身克里特，悲伤地投海自尽。在这种情况下，忒修斯继承王位，成为国王，而埃勾斯自尽的那片海域也从此被叫做埃勾斯（通译为爱琴海）。

忒修斯年轻有为，雄心壮志，初登王位，便开始着手规划改革方案。忒修斯实施了两项重大改革：第一，废除阿提卡各城邦的议事会和行政机构，设立以雅典为中心的中央议事会和行政机构。这

样就打破了原来各城邦村社、部落以血缘关系各自为政的分散局面，建立了集中统一的权力机关，各部族原有法律被共同法律取代，部族武装也变成了统一的国家武装，相应设立了监狱、法庭等国家机构。第二，把阿提卡公民分为贵族、农民和手工业者三个等级。贵族掌握国家大权，能够“掌管宗教仪式，充任官职，讲授法律、解释天意”，而农民、手工业者却没有任何特权，仅是平民。这些改革使得与氏族相对立的国家产生了，所以说，忒修斯的改革标志着雅典国家的建立和形成。

雅典国家形成后，政权由氏族贵族掌握，执政官也取代了原来的最高首领“国王”（巴赛勒斯）。这些贵族权力巨大，他们包揽官职，垄断司法，统理军务，执掌内政，在政治上压制百姓，经济上通过高利贷、土地兼并和债务奴隶制等使广大穷苦大众无以为生，处境日益恶化。

公元前 7 世纪—前 6 世纪，雅典的手工业和商业迅速发展起来。考古资料表明公元前 7 世纪下半叶，雅典已经成为一个很大的手工业中心，那里拥有大量的银矿，盛产陶土，有了水平较高的制陶技

雅典卫城遗址远观。

艺。所产的陶器外形美观，图案花纹丰富，不仅作为工艺品输入埃及、意大利，而且作为盛酒、油的容器与这些商品一并远销海外。工商业的发展，给雅典贵族们提供了横征暴敛和扩大势力的绝好机会。他们无以复加地对贫苦大众进行剥削和压迫，于是平民与贵族之间的矛盾日益激烈，斗争愈演愈烈，政局开始动荡不安。公元前632年发生了基伦暴动。贵族出身的青年基伦，试图利用平民对贵族的不满进行武装夺权，在雅典实行僭主政治，因未得到平民支持而惨遭失败。雅典执政官德拉古，在公元前621年，改习惯法为成文法。可成文法完全以维护贵族和有产者的利益为目的，而且非常严苛，甚至最小的偷窃案都要处以死刑，因此它被称为“血腥法律”。为了扭转局势，挽救危机，缓和社会矛盾，必须进行一次彻底的社会政治改革，为奴隶制经济发展开创新的道路。公元前594年，才华横溢的政治家梭伦当选为雅典首席执政官，继而出现了梭伦改革，一场锋芒直指氏族贵族的政治改革开始了。

梭伦出身贵族，在他父辈时家境败落，遂经商致富，周游世界。他到过很多地方，博学多识，洞悉利弊。他在漫游各地、经商贸易的过程中注重考察当地社会制度和风土人情，广交文人学士，自己也成为饱学之士，被誉为希腊七贤之一。梭伦在政治上不满氏族贵族的专横跋扈，倾向于工商业奴隶主。他曾做诗揭露和抨击氏族贵族，赢得了工商业奴隶主和广大平民的认同，在雅典民众中威望很高。梭伦掌权后，进行了希腊历史上最有影响的民主政治改革。这次改革的主要内容是：第一，颁布解负令，取消公私债务，同时恢复债奴的公民身份，禁止把雅典公民变为奴隶。第二，按地产和收入的多寡把居民划分为4个等级。当时财产和收入一般按

古希腊政治改革家梭伦像。

印有雅典娜头像的钱币。

农产品来计算，工商业者则按其货币收入合成实物来计算。第三，改革政治机构，设立400人议事会和陪审法庭。

此外，梭伦还制定了一系列有利于发展工商业经济，保护新兴工商业奴隶主利益的政策措施。他改革币制，稳定币值，倡导每个雅典人都要学会一种手工技术，欢迎外邦手工技艺高的人移居雅典；鼓励对酒、油输出，禁止谷物外销；承认财产私有；等等，这些改革标志着雅典平民在与贵族斗争的过程中取得了一定的胜利，把雅典导向了民主政治和工商业经济大发展的广阔道路。在梭伦改革后的一个世纪里，雅典政治民主、经济繁荣、国力强盛、文化昌隆，成为希腊文明史上一颗灿烂的明珠。

然而，梭伦的改革使氏族贵族失去了特权，因此氏族贵族坚决抵制，并执意恢复旧制度；贫苦民众虽免除了债奴身份，但平分土地和政治平等的要求并未实现，因而也不满梭伦改革的措施；其中工商业奴隶主得益最多，坚决拥护改革，这些矛盾导致雅典政局继续动荡。此时梭伦任职到期，他洒脱地离任，在埃及、塞浦路斯、小亚细亚等地漫游10年后回国隐居在家，约公元前560年逝世。

梭伦回国隐居的10年间，雅典的阶级矛盾和政治斗争非常激烈。不久便出现了三个政见相异的派别：代表平原地区氏族贵族利益的平原派，企图恢复旧秩序；代表海岸地带工商业奴隶主利益的海岸派，拥护梭伦的改革；代表山地贫苦农民、牧民和雇工的山地派，不满改革现状要求继续深入改革。这三派互不相让，争执不下，甚至有的年份连执政官都选不出来，一时间雅典处于群龙无首的局面。公元前560年，雅典出现了第一个“僭主”——庇西特拉图。出身于工商业奴隶主的他凭借山地派的力量，组织军队夺取了政权。庇西特拉图理政温和，处事仁慈宽厚，在他统治时期，从不与大众为难，总是致力于和平，保持安宁；因此人们常说庇西特拉图的僭主政治犹如“黄金时代”。庇西特拉图将逃亡和被放逐的贵族的土地，分配给无地和少地的贫苦农民耕种，部分满足了贫苦公民重分土地的要求；发放贷款，以资助贫苦农民种植橄榄树和葡萄，并且减免贫瘠和受灾土地的赋税。他还大力发展工商业和航运业，大兴土木，致力于城市公共设施建设。在文化方面，庇西特拉图十分重视学术，传说著名的《荷马史诗》，就是在他直接参与下，第一次在雅典整理成文的，并由他出资组织节日庆典。从此，雅典逐步成为希腊文化的中心。公元前527年，庇西特拉图去世后，他的两个儿子相继承袭父位，继任“僭主”。但他们未能延续其父的仁政，相反，他们骄奢淫逸的生活引起了人民的不满和愤怒。公元前514年，次子希巴库斯被刺杀，公元前510年，长子希庇亚斯被逐出雅典。至此，庇西特拉图家族的僭主政治彻底结束了。

庇西特拉图家族统治结束，雅典政权一度落入贵族派手中。然而平民奋起反抗，击败了贵族势力，于公元前509年，平民领袖克里斯提尼开始进行划时代的改革。

按地域划分居民是克里斯提尼改革的中心议题。他抛弃了过去以氏族和胞族为基础的四个部族的血缘关系，完全按照人们所居住的地域，把整个阿提卡划分为100个自治区，称为“德漠斯”，它是基层的政治单位，由人民自行管理，这实际上是现代国家区域自治的原型。全国共10个地区部落，每10个德漠斯构成一个地区部落。每个地区部落兼有经济、军事各种职能。克里斯提尼从每个地区部落中选出一人共同负责当年的军事指挥，其中一人为首席将军（即统帅）。这种机构被称为“十将军委员会”。他还制定了贝壳放逐法，每年由公民表决是否放逐那些危害国家的人，被放逐者10年后才允许回国。随着新地区部落的划分，克里斯提尼又把梭伦改革时创设的400人议事会改为500人议事会，其主要任务是为公民大会准备议案，执行公民大会决议。议事会又分为10个组，每组50人，称为“50人团”。按规定，10个“50人团”分别以同样长的时

克里斯提尼塑像。

间依次担任会议主席，主持国家日常政务。

克里斯提尼的改革确定了民主政治，使氏族组织渐渐瓦解，完成了由氏族组织过渡到国家的历史进程。在雅典，经过克里斯提尼改革，这两个特征已具有了完整的形式，国家机构完全取代了氏族组织。它标志着国家正式诞生，从此，雅典成为希腊古典文明的中心。

## 希腊化时代的希腊文明

由于雅典与斯巴达的发展，在称霸希腊方面双方矛盾日渐加剧。两雄相争，战争不可避免，在斯巴达和雅典之间终于爆发了被称为“伯罗奔尼撒战争”的战役。这场战争从公元前 431 年持续到公元前 404 年，波及了整个希腊。

伯罗奔尼撒战争后，希腊城邦走向衰败，这次战争成为希腊历史上的转折点。这是奴隶制经济发展的必然结果，也是在这种制度下国家发展规律作用的结果。

希腊城邦危机体现在，奴隶制经济的发展导致城邦经济基础被破坏；强化奴隶主的统治，从而加剧了社会的内部矛盾，使大大小小的战争接连不断。战争成了奴隶的主要来源，一场战争下来，胜利者屠杀失败者，将妇女、儿童变为奴隶。奴隶主们借机大发横财。伴随奴隶制经济的发展，实力雄厚的大奴隶主开始兼并土地，发展大手工业，财富激增；越来越多的小手工业者破产。公元前 4 世纪，奴隶制大农场和奴隶制大手工业作坊的比重逐渐增大。那些在战争中敛财的富人不只是从事土地投机活动，而且还大量从事粮食、工业原料的投机活动。战争破坏了贸易关系，这时国家也无力筹措粮食，尤其是那些依靠外地输入粮食的城邦，粮食供给十分紧缺，饥荒战乱使那些粮食投机商大发横财。财产分化在高利贷和金融业的发展下变得更为严重，小农和手工业者纷纷破产。那些

战争破坏了原有的经济。

破产的农民和手工业者，只能沦为游民无产者或充当佣兵，为那些大奴隶主卖命。这证明希腊古典城邦小农和手工业者的经济已遭到严重破坏，他们与大奴隶主的矛盾日益剧烈。为巩固统治，大奴隶主对平民进行大力压制，致使城邦危机更加严重。

在财产分化加剧和阶级斗争尖锐化的情况下，许多城邦爆发了反抗大奴隶主的斗争。例如，公元前392年，在科林斯爆发了贫民反抗奴隶主贵族的武装起义。那些奴隶主贵族逃到神庙里钻进神坛或神像下避难，但起义者不畏神灵，勇敢地攻入神殿，毫不留情地杀掉了他们。公元前370年，在亚尔果斯爆发了大规模的起义，起义群众以棍棒为武器，击杀奴隶主一千五百多人，没收并分配了奴隶主的财产。这诸多起义，都表明当时各城邦内部矛盾激烈。每个城邦，无论它规模大小，都分成两个敌对阵营，一半是穷人的城邦，一半是富人的城邦。穷人和富人已经到了势不两立的地步。

在外部关系上，希腊各城邦间混战不停，社会危机日益加剧。伯罗奔尼撒战争后，斯巴达成了全希腊的霸主。从前属于雅典统治的提洛同盟各城邦，现在又落入斯巴达的统治之下。斯巴达不但向这些城邦征收更高的赋税，而且干涉他们的内政，强迫他们推行寡头政治，还派监督驻守在各城邦。斯巴达的横征暴敛、倒行逆施使各城邦强烈不满，并且伺机进行反抗。另外，在战争中，斯巴达的老盟邦科林斯和墨加拉等都作出了巨大的贡献，而斯巴达却在战后独吞战果，这引起了老盟邦无比的愤怒。公元前399年，斯巴达与波斯爆发战争，波斯利用斯巴达和希腊各城邦之间日积月累的矛盾，鼓动并资助希腊各城邦反抗斯巴达。公元前395年，底比斯、雅典、科林斯、墨加拉、亚尔果斯等城邦组成了反斯巴达联盟。在雅典人科农的指挥下，斯巴达海军被大败于克乃达斯海角，斯巴达的海上霸权被推翻了。这场战争由于是在科林斯地峡中进行，因而史称“科林斯战争”。战争以斯巴达失败、波斯胜利而结束，因此小亚细亚地区的希腊城邦及塞浦路斯等岛都被波斯人占据。然而，斯巴达不甘失败，出兵攻占了底比斯，建立了寡头政体，欲重夺霸权，这使其他城邦十分愤慨。公元前379年冬，以佩罗庇达为首的流亡于雅典的民主派，重返底比斯，驱逐了斯巴达驻军，推翻了寡头统治，重建民主政权。此后，底比斯日渐强盛，变成希腊大邦，恢复以它为首的彼奥提亚同盟。斯巴达无法接受底比斯强盛的现实，更不愿看到他成为彼奥提亚同盟的领袖，斯巴达要求解散彼奥提亚同盟，而底比斯则要求斯巴达放弃对伯罗奔尼撒的统治，这样双方争执不下，矛盾日益尖锐。公元前371年，斯巴达和底比斯在彼奥提亚的留克特拉进行决战，底比斯在杰出的军事指挥家伊巴密侬达的率领下，大败斯巴达军，成为希腊霸主。次年（公元前370年）伊巴密侬达率70000士兵攻入伯罗奔尼撒，斯巴达失去了许多城池变得岌岌可危，而其所把持的伯罗奔尼撒同盟也宣告瓦解了。斯巴达严重受挫，自此大伤元气，再也未能恢复。底比斯却兴旺发达起来，盛

极一时。这又引起了雅典的担心，雅典害怕底比斯与它争雄斗胜，转而又和斯巴达结盟，对抗底比斯。公元前362年，伊巴密侬达率底比斯军与雅典、斯巴达联军在伯罗奔尼撒的阿卡地亚决战，虽然底比斯获胜，主将伊巴密侬达却阵亡，底比斯群龙无首，顿时人心涣散，维持10年的霸权也随之衰落。早在科林斯战争时，许多城市就与雅典结成第二次海上同盟，共有七十多个城邦入盟，各邦都实行自治。此时，雅典又亮出霸主的架势，企图恢复海上霸权。它对同盟城邦的压迫和勒索，必然会导致同盟城邦的再次反击和抗争，于是爆发了同盟战争（公元前357年—前355年），第二次海上同盟宣告瓦解。曾在希腊文明发展过程中作出很大贡献的希腊各城邦，此时开始衰败下来。至公元前4世纪，各城邦已无任何“生命力”。这种危机的深化，为马其顿的兴起和对希腊的征服提供了时机。

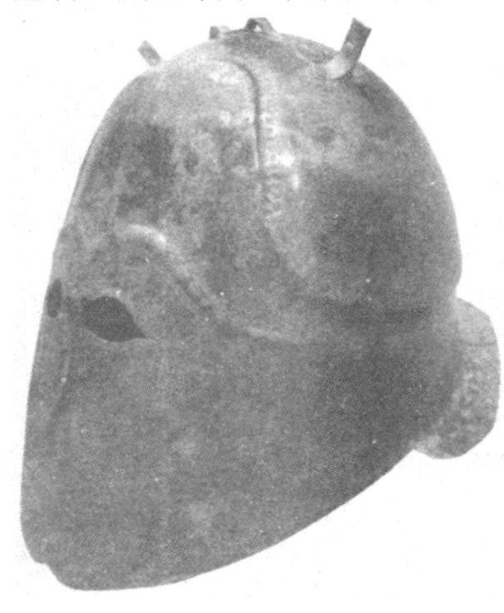

在希腊北边，住着希腊人的一支——马其顿人。希腊北部是一片广阔的多山之地，因此族系复杂，社会进化较慢。在希腊各城邦高度发展并创造了灿烂的文化成果时，马其顿人还处于氏族向国家转变的过渡时期，因而其文明的开始比希腊人晚。约公元前 6 世纪，马其顿人开始建立国家组织。伯罗奔尼撒战争期间，马其顿逐渐强盛起来，与希腊各城邦的交往也日益密切。而马其顿真正开始强大起来，却是在国王腓力二世时期。腓力二世执政后，实行了全面改革。在政治上，他强化了王权，掌握了贵族会议和公民大会，把军事权力集中在自己手里；在经济上，大力推行币制改革，采用金银复本位制，以适应希腊用银、波斯用金的情况。腓力二世最重要的改革是在军事上，他召集了一大批马其顿牧民，学习底比斯的军事经验，组建了一支强大的军队。他创立了著名的密集纵深的“马其顿方阵”，改变了作战阵势。该方阵用执矛持盾的步兵组成密集的正方形阵势，以成排的长矛为进攻武器，密集的长矛、坚如铁壁的盾牌，是古代军事上使用火器以前最成功的一种阵形。骑兵是步兵方阵的两翼，还有轻装步兵扩翼，作战时重装步兵承担正面攻击任务，而轻快的骑兵则迅速从两翼冲出，从侧面进行包围，以获全胜。

腓力二世依靠这支武装力量，利用希腊各城邦之间的矛盾，占领了爱琴海以北的广大地区。他不仅大力进行军事威胁，而且运用外交手段和金钱收买的方式，拉拢了一批希腊各邦中亲近马其顿的政客。腓力二世依靠强大的军事实力，挥师南下，征服了整个希腊。

公元前 336 年，希腊各邦均被征服。正当马其顿国王腓力二世准备东侵亚洲发动大规模战争的时候，却在其女儿的婚宴上遇刺身亡。腓力二世被刺杀后，以雅典、底比斯为首的希腊各城邦挑起义

马其顿国王腓力二世塑像。

旗，起义之火迅速燃遍希腊大地。在这危难时刻，腓力二世之子亚历山大继位。他是一位年仅 20 岁的年轻人，血气方刚、无所畏惧。他从小受过良好的教育。腓力二世的意外死亡无疑给亚历山大提供了一个施展才华的绝佳机会。希腊各城邦掀起反抗马其顿的叛乱不久，亚历山大便迅速利用其父留下的精良部队将希腊各城邦的反抗残酷镇压下来。亚历山大用极其残暴的手段镇压了底比斯，将其城邦燃成灰烬，并把三万多居民卖为奴隶。凭借这种强横残酷的镇压，使其统治下的希腊各邦臣服，听从他的指挥。

镇压了希腊各邦的起义后，亚历山大率领马其顿大军和希腊各城邦的联军，开始了世界历史上著名的亚历山大东侵远征。

公元前 334 年的春天，渡过赫勒斯湾海峡的马其顿远征军驶入小亚细亚，与波斯军在格拉尼库河畔进行了首战，并大败波斯军队。更为重要的是，这场战役的胜利为马其顿及希腊各邦联军进入整个小亚细亚地区扫清了障碍。亚历山大占领了小亚细亚各地后，不久便与大流士三世在叙利亚交战。公元前 333 年 11 月，亚历山大与波斯军在叙利亚北部的伊苏斯湾开战。大流士三世亲自率领 40 万波斯大军，他自恃兵多将广，企图一战全歼马其顿大军。然而，亚历山大以闪电般的速度，率其精锐骑兵部队杀得波斯军片甲不留。大流士三世见势不妙，弃战而逃，波斯军全军立即溃败。战役结束后，亚历山大继续引兵南下，征服了腓尼基的一些沿海城市。当进攻到腓尼基最大的商业中心推罗时，遭到当地人民的奋起反抗，但终究不敌马其顿大军，致使城市失守。推罗城被毁，许多人被杀，三万多居民沦为奴隶。公元前 332 年冬季，亚历山大侵入埃及。在埃及，

亚历山大采取怀柔政策以维护自己的统治。亚历山大在尼罗河入海口建起一个新的海港，并以他自己的名字命名为“亚历山大城”。后来，此城成为地中海地区人口最密集的城市。基督教纪元开始时，亚历山大城可能已拥有1000万人口。亚历山大城不但是埃及最大的商埠，而且成为地中海地区商业和文化的中心。来自地中海、非洲东部、阿拉伯及印度等地的货物在亚历山大城中的各个市场交易流通。诗人、哲学家、物理学家、数学家等各方面的学者、艺术家也被吸引到这座世界性的城市来。亚历山大城发展之快，影响之大，是世界历史上绝无仅有的。次年春天，亚历山大率军继续东征，进入两河流域。当年9月，他战胜了大流士三世。接着，亚历山大又率部队驶入巴比伦，占领了苏撒和帕赛波里斯两个都城，夺取了王宫和金库。进入王宫后，联军将士大肆掠夺财富，人人怀中揣满金银，而那座象征古代东方文明的帕赛波里斯王宫却被付之一炬。

这位野心勃勃的君王继续东征，进入中亚地区，遭到当地人的抵抗。他在那里滞留了近三年，公元前327年的春天，亚历山大侵入印度河流域上游地区。当他准备引兵恒河流域，深入印度腹地，

马其顿国王腓力二世。

企图吞并整个印度时，他的军队已经疲惫不堪了，士兵纷纷举行集会，酝酿政变。在无可奈何的情况下，亚历山大被迫下令撤兵，分水陆两路西归。亚历山大认为，未来帝国的中心应在两河流域，而不是在希腊，巴比伦应是帝国的首都。这两支部队于公元前324年会师于巴比伦，并准备以此为亚历山大帝国的都城。至此，亚历山大声势浩大的东侵远征宣告结束。

为了巩固对东方各国的统治，亚历山大试图把东西方文明融为一体。他在各占领区建起大小不等的城市，让马其顿及希腊人和东方人在那里杂居。传说，亚历山大行军时常将《荷马史诗》带在身边，并且注意在东方各地采集标本，再送回希腊供他的老师亚里士多德研究。为了进一步加深东西方文明融合，亚历山大提倡马其顿人和希腊人与东方人通婚，为东西方文化更加紧密地融合提供一条牢不可破的纽带。但波斯帝国本来固有的旧矛盾和亚历山大帝国的新矛盾，并不会因这种东西方文明的融合和广泛的联姻而消失，东西方人之间的矛盾日益加剧，亚历山大也因染上恶性疟疾，公元前323年死于巴比伦，时年33岁。他所建立的那个庞大的帝国也转瞬即逝了，由一系列希腊化国家组成的希腊化世界打破了东西方融合的局面。

亚历山大远征所开创的局面，标志着希腊及希腊统治下的东方地区进入一个新的历史时代——希腊化时代。在古代东方文明和希腊文明的交融下，孕育出一种更富于特

如今的亚历山大港依然繁花似锦。

色的文化，成为这一时代文明的主要特点。亚历山大远征所建立的庞大帝国，西起希腊、马其顿，东至印度河流域，南临利比亚、埃及，北界高加索和中亚，其疆域比波斯帝国更为广阔。虽然这个庞大的帝国不久就分裂为许多希腊化国家，但希腊文明却在这里继续发展，从而揭开了世界文明史上崭新的一页，这些文明不只是在文化上，更多是表现在政治和经济上，在西方文明史中占有重要位置，并产生着深远的影响。

亚历山大的老师——亚里士多德。

# 绚丽缤纷的古罗马文明

西方文明起源于古希腊，而发扬光大于古罗马。古罗马文明在西方文明史上起着承前启后、继往开来的关键作用。古罗马文明在法律、建筑艺术、史学上作出了极大的贡献，至今仍对世界产生着深远的影响。

正当希腊化文明在地中海东部沿岸蓬勃兴盛的时候，一个新兴的强大国家在西方崛起了，这就是意大利半岛上的罗马。

“罗马”一直以来都是一个绚丽夺目、撼动人心的名字。它不仅代表着一段灿烂的历史、一座古代名城，更代表着一种与古希腊文明不可分割的文明传统。罗马文明是西方文明起源的一个重要组成部分，但在整个西方文明史上，它又起着承前启后的作用，对现代文明的发展产生了深远的影响。

罗马的早期文明为整个罗马文明奠定了基础。从王政时期的政治组织，到第六位国王塞尔维乌斯·图里乌斯的政治与社会改革；从贵族与平民的斗争，到法律及其他文化成果的产生，在社会历史

进步的过程中无不凝结着早期罗马人的聪明智慧。

意大利中部台伯河入海处是古罗马文明的起源，其语言为拉丁语。传说，古罗马城建于公元前 753 年，后来渐渐强大，使其周围地区乃至整个意大利半岛和地中海周围的广大地区都臣服于它。起初古罗马实行王政，公元前 509 年实行共和制，屋大维 · 奥古斯都于公元前 1 世纪 30 年代初建立“元首制”，占罗马进入帝制时期。古代罗马是一个奴隶制国家，共和国后期奴隶制经济快速发展。公元 1 世纪—公元 2 世纪是罗马帝国最强盛的时期。约从公元 3 世纪起，罗马帝国开始衰败。公元 4 世纪术帝国分解为东、西两部分。公元 5 世纪后期西罗马帝国灭亡，西欧进入中世纪，帝国东部则进人封建制的拜占庭时期。

与西亚各古代国家和古埃及、古希腊文明的发展相比，古罗马文明的发展要晚得多。古代罗马在建立和治理庞大国家的过程中，吸收了先前发展的各古代文明的众多成果，并在此基础上创造出了自己的文明。古代罗马在其发展过程中，建立了复杂的国家管理体系和缜密的法律体系，在军事战略、作战技术和战争机械等方面有不少创新。在农业科学、数学、物理学、天文学、医学等方面都取得了很大的成就，在文学、史学、雕塑、绘画、建筑，包括道路建筑、城市输水工程、广场、庙宇、凯旋门、纪念碑、浴堂等方面，都留下许多宏伟的古迹，古代希腊许多杰出的艺术作品都因为古罗马时期的复制而流传后世。

## 古罗马文明的兴起与发展

关于古罗马的起源和兴起，流传着一个美丽的传说：很久以前，希腊联军在特洛伊战争中用木马计攻占并烧毁了特洛伊城。特洛伊王子在母亲的帮助下，辗转逃到意大利半岛的台伯河岸，开始在那里安家立国。许多年后，他的后代子孙中有一个叫阿穆略的篡夺了哥哥努米托的王位，并把哥哥赶了出去，接着杀害了哥哥的儿子，只留下其唯一的女儿希尔维亚。希尔维亚被他逼迫去维斯塔庙做祭司，并被要求终身保持贞操，不许婚嫁。阿穆略将希尔维亚关在一个孤塔中，不得和外界接触，未想战神马尔斯却闯入塔中，与希尔维亚相爱并生下一对孪生子，取名罗慕洛和雷慕斯。阿穆略知道此事后异常愤怒，他除百般迫害希尔维亚外，还将这对孪生子放在篮子里扔进了波涛汹涌的台伯河。这对可怜的孩子顺着河水漂流，漂到岸边一棵树下。一只母狼救了他们并用奶水喂养他们。后来，一位善良的牧人发现了这两个孩子并收养了他们。在兄弟俩长大成人了解了自己的身世后，便伺机杀死了阿穆略，为努米托恢复了王位。兄弟俩不想继续在当地生活，便决意去开创自己的事业。他们来到当年获救的台伯河畔，在被母狼哺养之处建起了一座新城，以罗慕洛的名字命名为罗马。古罗马城就是这样在台伯河畔建立起来的。

传说中，古罗马城的建成与母狼有着密不可分的关系。

这段关于罗马起源的故事完全是虚构的。因为故事中提到罗马人的始祖来自特洛伊，这纯属编造。实际上，罗马人的始祖是拉丁人，他们是在公元前200年中期从北向南进入意大利的。一般的观点认为，古罗马建城的时间在公元前753年，并以此作为罗马的纪元。但据现代考古发现和最新研究结果表明，古罗马城大概建于公元前6世纪，即伊达拉里亚人统治罗马初期。那时起，罗马才用石头筑建城墙，以砾石铺设路面，修建排水系统，并逐渐以罗马城为宗教活动和商业贸易中心。

## 罗马早期文明

“王政时代”是指兴起早期罗马的历史时期，即约公元前753年中期到公元前509年，约两百年的时间。相传，从罗慕洛创立罗马城起，先后经历了七个“王”。开国元勋罗慕洛和第三“王”是拉丁人，第二“王”和第四“王”是萨宾人，后来的三个“王”都是伊达拉里亚人。罗马的“王政时代”，实质上是古罗马国家的“童年时代”。其历史多为神话传说，直到公元前6世纪后期有文字记载时，罗马才进入有史时期。

罗马崛起后疆域不断扩大，为了便于防守，最终在7座小山丘周围修筑了一道防御墙，因此后来罗马城被称为“七丘之城”。这时的罗马在人口规模和经济发展水平上已非常接近奴隶制小国的标准了，但考古发现证明，当时既没有文字，也没有城垣、神庙、宫室

等建筑，社会制度属于军事民主制。从文明产生的基础尚不完善这一方面来看，在前4个“王”时期，罗马还处在原始社会末期。

古代军事民主制的政治因素在罗马初期的表现情况是这样的：公民大会、长老会议和军事首领在罗马分别称为库里亚会议、元老院和国王。库里亚会议是胞族（库里亚）召开的民众大会，由所有成年男子参与，他们根据自己所属的库里亚聚会，并进行议事投票。库里亚会议是最高政权的代表，它拥有宣战权和重大案件审判权，并有权决定或否决元老院提出的法案、选举国王以及其他高级军政要员。元老院由300个元老组成，这些元老是从各族的族长中选举产生的。元老院的职能是充当国王在对内或对外政事方面的顾问，并为库里亚会议准备议案。原本元老院并没有多少实权，但实际上，它的权力相当大。每个氏族从某一家庭中推举元老的习俗渐渐成了一种习惯，这种习惯是由于财产分化所引起的。这样，在罗马就形成了氏族显贵，继而产生了贵族。元老院就代表着氏族贵族的利益，因此拥有一定的特权。在国王的参与下，元老院有权批准和否决库里亚会议的决议案，有时他们包办选举国王。元老院也拥有在财政、外交、征兵、议和等方面的决定权，这在以后成为一种传统，以致元老院的权力日益增强，凌驾于公民大会之上，成为罗马社会中最重要的政治机构。国王实际就是军事首长，战时担任军事统帅，领

**古罗马建筑遗迹。**

古罗马统治者之一——屋大维。

兵征战，平时则为最高祭司和裁判官。一般情况下，国王不具有行政权，氏族部落的内部事务都由库里亚会议和氏族自行决定，但他是“罗马人民”的最高首领，在作战中有处置军事和生杀大权。国王不是世袭的，而是由选举产生，并可以由群众罢免。在这方面，古代军事民主制的遗风表现得尤为突出：一个老王卸任后，其权力暂时归元老院，元老院指派一名贵族元老继任摄政，代行王权，5 天后再把王权移交给另一位元老，如此轮流直至选出新王。新王的候选人一般由摄政元老提名，征得元老院的同意后，再由库里亚会议表决确定，新王产生后还须经元老院审查批准方为合法。

伴随交换经济的发展和武力的扩张，罗马社会也出现了新的变化。一方面，氏族组织出现分化，贵族利用手中的权力把大量土地、财产归于自己名下。而一些氏族成员则丧失了其原有的份地，不得不依赖于某个贵族，最终沦为地位低下的“被保护民”。另一方面，由于武力扩张的结果，诸多新成员成为罗马居民，这些新成员虽不能在那种氏族组织中享有政治权，但却享有人身自由权，有领得土地和从事工商业，以及为罗马服兵役的权利和义务。社会现实的改变，使罗马直到第五“王”伊达拉里亚人塔克文·普里斯库斯夺取王位时，才终结了原始社会末期的平民民主制，并向建立真正国家的方向迈进。

从古罗马城建成起，罗马人就与伊达拉里亚人有了密切往来。伴随生产进步和贸易交流的加强，伊达拉里亚人经常到罗马经商旅居。在很多方面罗马都依靠伊达拉里亚人的帮助，如城建、水利、工商业贸易等。尤其是国际贸易，从古希腊等来自海外的农、工产品贸易也几乎被伊达拉里亚人所垄断。移居罗马的大批伊达拉里亚

古罗马时期所使用的束棒雕塑。

贵族、商人、工匠在罗马已经形成一股强大的势力。他们与罗马朝廷及贵族保持着紧密的联系。在对外作战和其他政治活动中遇到困难，罗马人也常向具有一定统治经验的伊达拉里亚人求援，这表明两者关系甚密。从第五“王”起，伊达拉里亚人为王就不足为奇。伊达拉里亚几代人在罗马称王，标志着罗马国家的真正建立。这一切表明，罗马王权和国家在发展中日益巩固和完善。伊达拉里亚人的统治，无疑为罗马社会走向具有自己特色的发展道路奠定了基础。

罗马社会在公元前6世纪中期，发生了一次由塞尔维乌斯·图里乌斯领导的史称“塞尔维乌斯改革”的社会变革。

罗马社会的经济在老塔克文为王的时期已有所发展。伴随生产力进一步发展，私有财产的扩大，阶级分化日益加剧。氏族贵族凭借政治特权大肆聚敛财富，使大量平民破产。平民和贵族之间的矛盾越来越尖锐，平民呼吁进行社会改革，废除贵族统治。塞尔维乌

斯·图里乌斯因受到老塔克文的喜爱，从小被带入宫廷收养，长大后被老塔克文招为女婿。老塔克文死后，塞尔维乌斯依靠岳母的帮助，登基继位，成为罗马的第六位国王。塞尔维乌斯极力推崇民主改革，深得民心，他强调与时俱进，并通过一系列改革使罗马社会摆脱危机，大大推动了罗马民主政治的发展和社会进步。

塞尔维乌斯改革的意义十分深远。他的改革表明真正的国家已完全形成，第一等级占有明显优势，广大平民获得了公民权。平民反对贵族的斗争取得胜利的结果促成了罗马氏族制度的瓦解和国家的产生。这场划时代的改革打击了氏族贵族，新的等级按财产而不是按家世出身确定，将富有的平民提到与原本氏族贵族平等的地位，而又和普通平民、无产者区分开来。据此又可明确看出，新的国家权力成为庇护有产阶级并对无产者和奴隶进行统治的工具。

塞尔维乌斯改革使罗马居民经受了初步的民主洗礼，启蒙了广大公民的民主政治意识。这场社会政治改革不仅没有巩固王权，反而从根本上动摇了王权，为罗马走向民主共和制铺平了道路。公元前 509 年，当王政时代最后一位王塔克文·苏佩布（小塔克文）专横跋扈、暴虐无道、激起人民的愤怒时，罗马人高举义旗，坚决反对暴君霸主。他们顽强反抗，推翻了塔克文·苏佩布的暴政，从而

斑驳的古罗马遗迹。

结束了王政时代的统治，建立了罗马共和国。自此，平民们用神圣的民主权利和坚持不懈的斗争，创造出罗马古典文明。罗马早期文明指的是罗马共和国时期的文明。它是从公元前 509 年塔克文被驱逐、百人大会选举两名贵族执行官到公元前 146 年地中海被罗马征服的几百年中所创造的灿烂的文明。

## 鼎盛时期的罗马

罗马国家的体制和性质，经过扩张和对外征战发生了巨大变化。奴隶起义连续不断，政治斗争此起彼伏。奴隶的斗争推动了罗马社会经济的变化和发展，使罗马的科学文化也得到了空前的繁荣，并取得了绚丽璀璨的成果。

经过对外扩张，尤其是第三次布匿战争，罗马征服了整个地中海地区。大量战俘和被征服地区的平民沦为奴隶，其中有文化的希腊奴隶对罗马文明的发展起到了重要作用，同时也促进了罗马奴隶制经济的发展。另一方面，在长期的对外侵略中，罗马从外邦抢夺了大量金钱和财物，这些财富促进了罗马奴隶制经济和社会阶级关系的发展。

罗马共和国的晚期是指从公元前 146 年到公元前 27 年这一个多世纪。这时的罗马政体尽管还是共和制，但实际上它已步人奴隶制帝国阶段。这时的罗马，奴隶制经济获得长足发展，并由此进入了古代奴隶制发展的高峰。奴隶制帝国统治使社会矛盾加剧，引起了奴隶起义和平民的斗争运动，使共和国晚期的历史呈现出纷繁复杂的情景。在那个奴隶斗争接二连三、英雄人物辈出的时代里，古罗马社会内部发生着急剧变化。连年不断的战争使贫富分化加剧，整个社会阶级矛盾和政治斗争达到极为尖锐的程度。公元前 2 世纪初，奴隶是古罗马社会中的主要劳动力，这些奴隶一部分来自战俘和被征服地区的平民，另一部分是被债权人卖为奴隶的欠税或负债的人，还有一部分是被海盗在地中海沿岸掠夺来拿到奴隶市场去贩卖的奴隶。与希腊相比，在罗马不管是奴隶的数量还是奴隶主对奴隶的压榨程度，都有过之而无不及。更为残酷的是，奴隶还被奴隶主当做娱乐性工具，他们以奴隶的生命来取乐。奴隶主逼迫奴隶接受格斗训练，然后到竞技场上去角斗，或者让接受过训练的奴隶和野兽搏斗。许多角斗士横尸竞技场，无辜葬送生命，而那些毫无人性的观众则以此为乐，每每在得胜的一方击倒或杀死对方时，才尽兴而去。

公元前2世纪中叶，罗马奴隶制社会内部矛盾极为尖锐，奴隶和奴隶主之间的矛盾和斗争，导致大规模的奴隶起义发生。其中影响最大的有西两里奴隶大起义和斯巴达克奴隶起义。

西西里岛位于亚平宁半岛南面，那里土壤肥厚，气候温和，十分利于农业的发展。但自西西里划为罗马行省后，这里的肥沃土地就被罗马的奴隶主所占有。他们霸占了大量土地，迫使成百上千的奴隶在那里做苦役。奴隶主对待奴隶十分残酷，尤其以西西里中部恩那城的大奴隶主达莫非勒斯最为有名。

由于无法忍受奴隶主的残暴剥削，奴隶们终于结盟起义。公元前138年，起义烽火燃遍西西里岛。起义军中有一个叫尤诺斯的人，他凭借勇敢的斗争精神和惊人的智慧，赢得了奴隶们的拥护和信任，从而成为起义首领。在其带领下，四百多名手持镰刀、斧头、各种长竿短棒的奴隶冲进恩那城。城内许多奴隶积极响应，他们也树起义旗，杀死自己的主人，从四面八方汇集到起义军的队伍中，奴隶们很快占领恩那城。为了防止奴隶主反扑，尤诺斯很快组织了政权，召集全体起义者集会，将达莫非勒斯夫妇处死，并建立王国。尤诺斯被推举为国王，并设立了人民议会。为增强武装力量，尤诺斯征

在公元前2世纪时，西西里岛上爆发了一场轰轰烈烈的奴隶起义。

集工匠为起义部队铸造了武器，使奴隶部队全副武装起来。起义烽火越燃越旺，在西西里南部不久也爆发了奴隶起义，起义军首领克利昂率领拥有5000人的部队占领了阿里根特。不久，这两支部队汇合在一起，部队人数达到了20万人。起义军风驰电掣，所向无敌，不仅惩治了那些罪大恶极的奴隶主，而且多次挫败罗马军队的反攻。当罗马大军包围恩那城时，奴隶们英勇顽强，坚守不屈，但终因寡不敌众，加之叛徒出卖，以及被围后缺乏粮食而陷入饥荒。恩那城于公元前132年失守，克利昂阵亡，尤诺斯被俘后死在狱中。这次声势浩大的奴隶起义虽然失败了，但它留下了奴隶斗争那壮丽的英勇事迹，给奴隶制度以沉重的打击。

公元前104年—前101年第二次西西里奴隶起义爆发了。西西里总督涅尔瓦审查奴隶事件是这次起义的直接原因。许多农民因债务而沦为奴隶，给罗马扩充部队造成兵源危机。为解决兵源问题，罗马元老院命令行省长官审查奴隶出身，凡自由民出身的予以释放。西西里总督涅尔瓦受令释放了800名奴隶，奴隶被释放无疑会直接损害奴隶主的利益，奴隶主便向涅尔瓦行贿，收受贿赂的涅尔瓦立即停止审查释放奴隶的工作。渴望自由的奴隶们异常愤怒，涅尔瓦反而勾结盗匪打击有反抗情绪的奴隶。于是赫拉克利城附近的奴隶们揭竿而起，很快组织起拥有20000步兵、2000骑兵的队伍，推选萨维阿斯为

罗马纪念雕塑。

古罗马剧场。

王。之后，西部利利贝城附近又有一万多奴隶在阿铁尼奥的带领下举行起义，起义军占领了特里奥卡拉城，建立了自己的国家，接连两次大败罗马军，并把年轻力壮的奴隶起义者编入军队，到处袭击罗马的军政机构、仓库和驿站。起义军很快发展到30000人，斗争的烽火燃遍西西里广大地区，罗马接连出兵镇压，萨维阿斯在战斗中牺牲，部队由阿铁尼奥指挥。公元前101年，阿铁尼奥在一次战斗中英勇就义，剩下的人终因饥饿而失去战斗力，许多起义者被钉上了十字架；另一支起义队伍受罗马人欺骗放下武器，全部被带上镣铐送往罗马做角斗士。第二次西两里奴隶起义遂以失败告终。

公元前73年—前71年由斯巴达克领导的起义是西方古代史上影响最大的一次奴隶起义。斯巴达克出生于希腊半岛北部的色雷斯，他体格强健，聪明勇敢。他曾在罗马军队服役，因争取自由出逃，后被俘而被卖为奴隶，被送到一个角斗训练学校受训。在那里，奴隶们整日受奴隶主监视，生活十分痛苦，加之角斗士意识到在竞技场上他们的生命无任何保障，他们决定为自由而斗争。公元前73年，角斗士训练学校的二百多名奴隶密谋暴动，不料事情泄漏，一部分奴隶只好放弃行动。斯巴达克率七十多名角斗士用厨房的菜刀等武器武装起来冲出奴隶营，沿途不断有人员和武器补充加入，起义者们在维苏威火山建立了坚固营地。在伙伴阿诺诺斯和克利克苏协助下，斯巴达克组织队伍，起义军很快壮大到一万余人。公元前72年秋，起义军又挫败了罗马政府派来的两个军团，占领了南意大利部分地区，很多人纷纷加入起义洪流，起义军发展到7万人。

由于斯巴达克才华出众，治军有术，常能出奇制胜，加之军纪严明，因此很受拥护。在军事思想上，斯巴达克起义与西西里奴隶起义有所不同，斯巴达克更注重进攻，而不是防守。斯巴达克以这种战略战术思想领导起义军多次打败罗马军，开始向北意大利进军。斯巴达克的名字让罗马的奴隶主贵族闻风丧胆，甚至没有人敢参加执政官的竞选。元老院大费周折，最后任命大奴隶主克拉苏为镇压起义军的统帅。克拉苏在同斯巴达克交战中连吃败仗，这时斯巴达克改变了进攻罗马的计划，决定派一部分起义军到西西里发动奴隶起义，但当他率军来到意大利半岛南端的时候，因海盗们失信而使渡海计划失败。斯巴达克自制木筏渡海，但因海上风大未能成功。此时克拉苏率军从北部反扑而来，妄图把起义军困在意大利半岛南端，并挖沟壕切断起义军退路。但斯巴达克以超人的胆识，在一个风雪交加的黑夜指挥部队填平一段壕沟，率起义军突破了克拉苏的防线，使一部分起义者突围成功。但这时起义军内部出现意见分歧，脱离主力部队的那部分起义军被克拉苏全部歼灭。斯巴达克率领的部队继续坚持战斗。公元前71年初春，起义军在与罗马军队的决战中，终因寡不敌众，伤亡惨重。斯巴达克冲杀在队伍最前面，他要亲手杀死克拉苏，但却未能如愿，他在杀死敌军两名军官后，终因力竭，壮烈牺牲。罗马统治者将6000名起义军全部钉死在十字架上，剩下的起义军在南意大利山区持续了十余年的斗争，直至公元前63年被罗马歼灭。斯巴达克领导的起义虽然失败了，但他为人类争取自由解放

古罗马统帅——克拉苏头像雕塑。

古罗马历史上著名领袖恺撒的半身雕塑。

而斗争的伟大精神是永存的。

关于这次奴隶起义在古罗马文明发展中所起的作用，及其与古罗马文明的关系问题，学术界很少触及，缺少材料可能是最主要的原因之一。但如果人们深入历史事实进行认真的分析，也可以看出他们在促进罗马经济、政治和文化发展方面的重要意义。

在经济上，奴隶起义促进了罗马奴隶制经济的繁荣。虽然帝国初期社会经济发展的原因是多方面的，但奴隶起义和被征服的各族的解放斗争也是其中重要的方面，它使奴隶制生产关系得到一定改善，为生产力发展和经济繁荣提供了有利条件和良好的环境。

在政治上，奴隶起义加速了罗马由共和制向帝制的改变，促进了社会政治改革。可以说，共和制确实要比皇帝专制进步些，但在罗马，共和制不仅没有缓和社会矛盾，反而加剧了各种矛盾的激化，奴隶起义就是一个重要表现。因此，只有把共和制转为帝制，才能有效地调整罗马社会内部奴隶主阶级之间的矛盾。奴隶的反抗适应了奴隶制发展的要求，加速了共和制向帝制的转化和改制。同时，在当时社会矛盾十分激烈的情况下，奴隶起义也促进了罗马社会改革。斯巴达克起义后，曾为苏拉部将、镇压过斯巴达克起义的克拉苏，面对元老势力渐渐失势的现实，转而向平民靠近，与马略派的骑士们示好。他和部将庞培把眼光转向马略派将领恺撒（约公元前100年—前44年）。恺撒把握时机，很快便和克拉苏、庞培组成三头政治同盟（即历史上所谓的“前三头”）。此后克拉苏在远征安息的战斗中败亡，庞培受元老派拉拢而叛离恺撒，于是就有了恺撒与庞培的激战。庞培在决战中全军覆没，逃至埃及被杀，恺撒成为罗马帝国唯一的统治者。集军政大权于一身的恺撒，可以说是罗马历史上第一位皇帝。恺撒遇刺之后，他的外甥（被认为养子）屋大维脱颖而出，他和恺撒的密友安东尼及恺撒另一部将，骑兵长官雷必达结成新的三头政治同盟（史称“后子头”），对付元老贵族组成的共和派。之后，“后三头”之间又有斗争甚至互相残杀，屋大维成为最后的胜利者独掌大权。在奴隶起义推动下的罗马社会政治变革，最终使共和国被彻底埋葬，军事独裁的体制在罗马建立起来。公元前27年，屋大维获得“奥古斯都”神圣尊号，这是此次社会变革的历史标志。

庞培头像。

在文化上，罗马文化的发展和繁荣，也因奴隶劳动和起义斗争而绚烂夺目。为保证起义部队所需粮草、马匹和军资，起义军每到一个占领区都用奴隶主的庄园进行劳动，发展生产。物质带动的实践为精神财富的产生创造了基础条件。

古罗马君士坦丁大帝修建的凯旋门。

在起义军中也有不少富有文艺才华的人，军队中也常有文艺演出。奴隶劳动和火热的奴隶起义斗争成为文化创作的动力和源泉。同时，那些奴隶起义的英雄和政治领袖本身就是文化史上引人注目的风云人物。智勇双全、英勇无畏的斯巴达克受到古今赞颂。这些人物和他们所取得的成就，为整个罗马帝国时代的文化发展和繁荣奠定了基础，使罗马文明的百花苑中绽放出一朵朵更为璀璨绚丽的花朵。

## 古罗马的文学

在模仿希腊文学的基础上，古罗马人逐步创造出自己的文学。罗马最早的文学是在劳动和宗教仪式中渐渐产生的，那个时期的歌谣留传下来的很少。共和国末期和帝国时代初期，古罗马文学创作开始兴盛，出现了许多优秀的文学家和作品，成为古罗马文学星空中灿烂的明星。

罗马文学真正形成是在公元前 3 世纪到公元前 2 世纪期间，此时罗马文学由萌芽走向成熟，多以诗歌、喜剧、散文为主。

诗歌方面，李维乌斯·安德罗尼库（公元前 284 年—前 204 年）是罗马第一位诗人。他首次把《荷马史诗》中的《奥德赛》译成拉丁文。拉丁文版的《奥德赛》在罗马广泛流行，并被作为罗马学校

古罗马胜利者灵光丰碑。

的经典教材。另一位颇有影响的拉丁诗人尼维阿斯（约公元前 270 年—前 200 年），他主要的文学活动是史诗的创作。他写了一部名为《布匿战争》的史诗，记述了罗马帝国初期的一段斗争经历。在古罗马文明中，尼维阿斯开创了以文学形式记述帝国事业的先例。

哈德良皇帝雕像。

喜剧方面，在早期的节日歌舞、民间传统戏剧和希腊戏剧影响下，罗马戏剧逐渐兴盛起来。罗马戏剧的类型有悲剧作品和喜剧两种，在题材和形式上，有的模仿希腊，有的是根据罗马历史或现实创作的。悲剧作品已经失传，流传下来的喜剧主要是普罗塔斯和特伦斯的作品。

普罗塔斯（约公元前 254 年—前 184 年）是一位业余作家，其作品有丰富的生活根基，尤其是反映社会下层的作品中的人物活灵活现，很受罗马人的欢迎。普罗塔斯一生写了一百三十多部作品，大部分作品失传，现存的有《安菲特里翁》《阿辛纳纳里亚》《商人》《吹牛的军人》《一坛金子》《孪生兄弟》等 20 部作品。在创作风格上，普罗塔斯的喜剧采用希腊化时代的新喜剧风格，尤其是用雅典戏剧家米南德的戏剧题材和背景，来展现罗马社会生活。普罗塔斯的喜剧从平民观点出发，讥讽社会陋习，情节大多是描写因风流情爱、金钱遗产而引起的纷争，但却离奇巧合、阴差阳错地获得了圆满的结局。他在作品中嘲笑富人，同情奴隶，生动地刻画了罗马社会各阶层特点。在创作技巧上，普罗塔斯主要以修辞见长，注重用语言技巧来刻画人物，表现主题。

另一位喜剧作家特伦斯（约公元前 195 年—前 159 年）生于北非，奴隶出身，随其主人在罗马受过文化教育，后来获释成为平民。他留传下来的喜剧作品有 6 部，内容多是通过父子、兄弟等家庭成员的关系，来反映老少两代人之间的矛盾。特伦斯的代表作品主要有《岳母》《两兄弟》。在这些作品中，作者站在贵族立场上，用生动的故事和滑稽可笑的情节，阐述一些深刻的道理。由于特伦斯的出身和经历比较特殊，因此他的文化底蕴和创作风格要比普罗塔斯更高一些。虽然在语言技巧上没有普罗塔斯那样生动感人，但文风却显得纯净高雅。另外，特伦斯的作品不像普罗塔斯以罗马民间文化传统为基础，强烈地反映社会现实，而是侧重于希腊文化遗产。

散文方面，罗马的散文在其文学史上占据着重要的地位。加图（约公元前 234 年—前 149 年）是唯一一位有拉丁散文作品传世的作家。他精于修辞，擅长演说。传说他写的演说名篇有 150 篇之多，现今保存的残片也有八十多件。加图将修辞演说与散文写作相结合，一生共有散文作品 7 部，内容涉及军事、政治、法律、历史、农业、医学等许多方面，可惜的是其中一些代表作已经失传，只有《论农业》这部散文作品比较完整地保存了下来。

罗马文学史上的著名散文作家还有恺撒、西塞罗、瓦罗、卢克莱修等，他们的作品不仅影响着罗马文学史，而且还影响着当时罗马的政治、经济、军事、哲学等方面。

恺撒不仅是一位显赫一时的政治人物，而且是一位著名的散文家。他的散文作品大多是在军旅生涯时期写成的，其作品政治宣传的风格十分突出。他的散文有《高卢战记》和《内战记》两部被流传下来。传说他还著有《论演说家》《论类比》《旅途杂记》等作品和一些演说词，但都已失传。在留存下来的两部作品中，以《高卢战记》最为出色。《高卢战记》字字句句贴近生活、雅俗共赏、老少皆宜、易读易懂。由于这部著作受到群众的喜爱，它被当做后来世人学习拉丁文的启蒙教材。

第一次布匿战争的悲惨景象。

被誉为“拉丁散文泰斗”的西塞罗（约公元前 106 年—前 43 年）在罗马文学史上具有很大的影响。虽然西塞罗和恺撒是政敌，可在文化上，他们一样都对罗马文明作出了重大贡献。他不仅是政治家、哲

学家，而且还是著名的散文家。西塞罗博学多识，视野开阔，对各种知识兼收并蓄。他精通文史哲，尤以修辞见长。他吸收了希腊文化中的精华，又将罗马传统文化充分发扬，并且十分注重二者的交流融合与贯通。希腊修辞学的文体风格辞彩华美、明快灵动；而罗马修辞学的文体风格沉稳现实。西塞罗将这些特点融合，独创出其作品严谨的结构和朴实的语言，句法优美、音韵和谐。由于他的作品朴实无华，内容独具匠心，行文流畅自如，因而被世人赞颂。

西塞罗的散文作品数量很多，现存演说词达 57 篇，哲学和修辞学方面的传世之作近 20 篇。而他留传下来的书简竟达 900 部，其数量之多，影响之大是罗马文学史上非常少见的。这些书简中，最主要的有《致阿提库斯书》16 卷、《致友人》16 卷，内容主要是反映共和制末期的社会政治生活，描绘的是形形色色的政治人物。这些作品尽管内容丰富多彩，但按罗马古典文献分类来看，多属修辞学范畴。因此，西塞罗不愧为“文学泰

在古罗马文学史上被誉为“拉丁散文泰斗”的西塞罗头像。

斗”“修辞学的巨匠”。在一百多年后，罗马修辞学家昆体良称西塞罗“取得了可与希腊人相媲美的成就”，“绝不低于他们中的任何人”。在昆体良看来，西塞罗成功地“集聚了希腊前辈大师的优点，在他身上同时具有德谟斯提尼的力量、柏拉图的丰富和伊索克拉底的完美……他的绝大部分甚至全部优点，都出自他本人，出自他涌泉般无穷无尽的超人的才华”。

在罗马文学史上，博学多才、著作丰厚的散文作家还有瓦罗和卢克莱修等。瓦罗（公元前116年—前27年）早年从政，后转行从事学术研究。他博览群书，笔耕不辍，一生著作达74部，共有620卷，内容涉及哲学、历史、宗教、天文、地理、航海、数学、医术、农业等许多领域。其中最有代表性的《古物志》《传记集》《论农业》等，都是罗马文化中极具代表性的古典作品。卢克莱修不仅是一位伟大的哲学家，同时也是一位著名的文学家，在罗马文学史上占有重要地位。他的长篇散文诗《物性论》哲理幽邃、气势恢弘，在文学史上具有极大的影响。

屋大维掌权的“奥古斯都时期”是罗马战乱结束、完成统一的和平时期。此时的许多文学家，他们拥有可以静心创作时代颂歌的环境，从而开创了罗马文学史上的“黄金时代”。

这一时期，最著名的诗人是维吉尔、贺拉斯和奥维德。

维吉尔（公元前70年—前19年）是这一时期古罗马文坛上最杰出的诗人。他一生的主要作品有三部：《牧歌》《农事诗》和《伊尼阿特扎》。因维吉尔出身农家，自小对农村生活和自然景象有深刻的体验和感受，所以其作品在描写意大利农村秀美的田园风情、表现农民的辛勤劳苦、表达农村生活的真实情感方面，显得更加得心应手。《牧歌》和《农事诗》就属于这类诗篇。《伊尼阿特》是维吉尔晚年倾注全部心血创作的罗马民族史诗，虽然其创作风格和文体都模仿荷马史诗，但维吉尔十分注重推陈出新，用旧的文学形式反映新的内容。这三部

作品，在罗马文学史上占有重要地位，对后世文学也产生了极大影响。

《牧歌》完成于公元前37年。该作品深受希腊田园诗风影响，由10首短歌组成，在写法上采用了牧羊人对歌或独歌的形式，内容上有哲理诗、爱情诗、哀歌、酬友诗等。一部分诗也反映了农村的现实生活，体现了小土地所有者对大奴隶主消极抗议的思想情绪。凭借浓郁的乡土气息和深刻的哲理思考，《牧歌》在罗马诗坛和百姓中引起了强烈反响，甚至引起奥古斯都上层领导者的注意。诗中提到曼图亚地区许多农民的土地被征占并分给退役老兵，使一些农户遭受劫难，维吉尔本人的财产也被征占。屋大维知道后，便命令手下人把土地归还给他。这充分说明维吉尔的作品影响之大。

古罗马帝国时期的著名诗人维吉尔。

## 古罗马的艺术

古罗马的艺术亦是罗马文明中一朵奇葩。在伊达拉里亚文化和希腊文明的熏染下，在奴隶制社会体制下，罗马人民继续创新、勇于实践，形成了独具特色的罗马艺术。罗马艺术是西方古典文明的一块瑰宝，它在建筑、雕刻、绘画及实用美术等方面取得了丰硕的成果，使人赞叹不已。这些成就在欧洲乃至世界文明史上占有重要的地位。

从共和国末期开始，经奥古斯都时期到帝国初期，随着罗马帝国

维吉尔是古罗马最伟大的诗人之一。

统治的建立和奴隶制经济的发展，罗马建筑艺术在此前基础上，逐步由成熟到兴盛。和希腊相比，罗马建筑无论在整体规划、结构设计，还是在类型用途方面，都大大超过了希腊建筑。

1. 共和国末期的建筑艺术

这一时期，罗马建筑在设计风格和建筑类型上基本延续了希腊的柱式结构，但也有所创新，并形成了自己的特色。罗马建筑艺术家十分崇尚希腊古典时期形成的多利亚、爱奥尼亚和科林斯三大柱式风格，在掌握运用熟练的同时力求有所突破。

共和国末期的罗马建筑艺术，在神庙的建筑、建筑群设计和修建以及水泥的使用方面，体现出罗马建筑艺术对希腊建筑艺术的创造性发展。这些成就把罗马建筑艺术推向新的高度。

在神庙建筑方面，从现存的共和国末期建筑遗迹来看，代表性的神庙类型主要有：建于公元前 2 世纪末属于多利亚柱式的赫拉克利斯神庙；建于公元前 1 世纪初属于爱奥尼亚和科林斯柱式的命运女神庙和西比尔女祭司庙。罗马人在学习希腊建筑规范的同时也进行了创新，对从伊达拉里亚学来的希腊建筑模式进行了创新改造，一改过去的“环柱式”模式，使用了高基座和唯一登临神庙的庙前台阶，更增强了神庙威严、庄重的效果。

此时，罗马建筑的重要成就是建筑群体的整体性设计。在希腊古典时期的建筑虽然成就辉煌，但其并不重视自成一体的设计思想。而罗马建筑则注意了按中轴线设计整个建筑群体系统，从而形成了整体设计的建筑艺术风格。公元前 1 世纪建于帕莱斯特里纳的命运女神圣所是这方面的典型代表。这座规模宏大的建筑处于罗马东南方向的一个山区小城，根据设计需求对整个山丘的坡面进行了改造。该建筑从山下便有两个并行的梯道长廊通向第一平台，这对长廊上有屋顶，两侧有墙，这种封闭式的长廊给人一种强烈的神秘感，走到尽头时顿觉豁然开朗，然后是通往各层的阶梯。整个建筑的中心以长廊尽头的交接处为准；同时建筑的纵深高度也以此为中心轴而延伸。各层平台两边的阶梯展现了丰富的建筑内容。帕莱斯特里纳的女神圣所堪称古代世界建筑的杰作，它对后来的罗马建筑艺术产生了重大影响。

对新的建筑类型的开创是这一时期罗马建筑艺术的又一成就。这些建筑类型包括如道路、桥梁、水道等以人们社会生活设施为主的实用性建筑，如凯旋门、会堂、剧场、公共浴场等为帝国政权以及城市公众服务的建筑。尤其是后一种类型的建筑，是希腊建筑中前所未有的。在这类建筑中罗马人非常广泛和灵活地应用了希腊的建筑艺术和传统工艺。凯旋门是古罗马人举行凯旋仪式的庆典活动时在主要通道上搭建的门。过去多是木结构修造的暂时性建筑，到共和国末期才有了用砖石修建的永久性凯旋门，后来越修越精美，到最后用大理石来修建。在用途上，也从最初只供凯旋仪式专用渐

渐演变成一种永久性纪念的建筑。帝国初期，凯旋门成为专为皇帝歌咏功绩的纪念性建筑，使其染上了更加神圣的色彩。此时凯旋门也由原先简单的拱门发展为用柱式、拱券等技术和不同风格来修建和装饰，门也从以往一道门演变为中央大门两边有两道小门，柱子的数量也有所增加，加之豪华富丽的精琢点饰，使其更显庄严、华美。会堂建筑也属罗马人的独创，它是专供人们集会讨论和法官开庭审理案件的场所。最初为木制结构，共和国末期开始运用柱式体系，并改木柱为石柱。会堂大厅内部是用两列柱子将其隔成一个主厅和两个侧厅，主厅两边上方有一层顶阁，光线从两侧的窗户射入，使大厅分外明亮。厅内四周柱子环绕，柱列外有法官开庭审案用的半圆形耳室。欧洲建筑，尤其是早期基督教教堂的修建受这一创造性建筑艺术的影响非常大。罗马的剧场建筑也极具特色。希腊人是利用山坡地形来修建剧场的，以山坡的自然倾斜面来构建观众席，在剧场形状上，多数是半圆形。而罗马剧场建在平地之上，以多层楼阁为舞台，观众席用多层坡面结构，其形状有半圆、圆形、椭圆形等。剧场有可容纳几千人甚至数万人的，也有容纳四五万人的角斗场等。整个建筑恢弘、壮丽，立面设计以层叠的各种柱式和各层列拱互相配合，并综合运用了希腊的三种柱式，形成了独特的建筑风格。在古罗马，浴场也是和剧场一样供公民群众使用的大型建筑，它是由冷、热和温水浴池以及会议厅、健身房和图书馆等建筑构成

的建筑群。浴场是当时公民们的重要活动场所，它能容纳很多人。浴场一般以圆形为主，屋顶采用穹窿圆顶设计、砖石结构。这种建筑到帝国初期时有了更大的发展。

水泥的广泛使用，使共和国末期的建筑艺术迅速发展。那时的水泥实际上是一种天然水泥，是用火山灰拌和的泥浆。火山爆发时产生高压高温，火山灰经历了一系列物理、化学反应，因而具有了现代混凝土那样的性质，起到水泥的作用。公元前2世纪，这种天然水泥在罗马建筑中已相当普遍。这种水泥具有坚固和防水性好的特点，许多大型建筑都使用。如罗马建筑中如圆形、曲线、拱券、凹面等复杂多变的结构，可充分利用水泥的可塑性来完成。水泥使建筑的结构更为精美和完善，为后来帝国初期的建筑艺术发展奠定了良好的基础。

2. 奥古斯都时期的建筑艺术

古代罗马文明最辉煌的时期是奥古斯都时期。此时，出现了一批杰出的罗马诗人，如维吉尔、贺拉斯和奥维德等，史学方面也有较高的成就。古罗马文明中成就最突出的建筑艺术，迅速蓬勃地发展起来。这一时期的建筑，其工程规模宏大，重建了整个市区，整修或修建了道路、桥梁、引水道，特别是修建了大量神庙、祭坛、广场、剧场等大型建筑。奥古斯都大会堂与和平祭坛是其中最具代表性的建筑。

作为奥古斯都时期建筑艺术的精华，奥古斯都广场是当时最卓越的建筑，代表着罗马建筑传统的光辉。传说，它的修建花费了40年的时间。与此前的共和国广场和恺撒广场相比，奥古斯都广场具有全国性的意义。奥古斯都广场的整体设计融罗马风格和希腊化特色于一体，充分展现了奥古斯都时期的古典主义艺术。这是一个长方形广场，周围有用凝灰岩和粗面石装饰的高耸的墙垣环绕着，和墙垣内部相衔接的柱廊围绕着整个广场。庄严的马尔斯·乌尔东神殿座落在广场入口处。神殿那宏大的规模，富有科林斯柱式的结构，精美的装饰，无一不显示出古罗马人杰出的技艺和智慧。罗马帝国灭亡后，奥古斯都广场遭到严重破坏。当文艺复兴时期人们慕名来到这座神殿时，那里已是断壁残垣、蔓草横生，只有几根神庙廊柱突兀地耸立着。艺术家们从这几根精美的柱子联想整个奥古斯都时代的建筑风貌，并竭力对其研究和学习。后来，罗马城及各行省广泛模仿奥古斯都广场的建筑风格，建造了诸多优美建筑。

《建筑十书》作为这一时期唯一一部完整的建筑理论著作，从侧面反映了奥古斯都时期罗马建筑艺术的成就。此书是维特鲁威的建筑学专著，是唯一完整存留下来的西方古典建筑的著作。在《建筑十书》中，作者对建筑学的基本内涵和基本理论进行了论述，形成了建筑科学的基本体系；在对古希腊、古罗马建筑实践经验总结的基础上，把建筑技术和艺术有机地结合起来并加以阐述，提出了“实用、坚固、美观”的设计思想和技术原理。《建筑十书》还指出建筑应该以哲学和科学等科学知识为基础。他还要求建筑师要德才兼备，要有一定的素养。此书无论在技术规范，还是在理论原则方面，都对后世产生了重要的影响。

这一时期著名的建筑，除上述作品外，还有可容纳数千观众的马尔采剧场、罗马神殿，以及流行极广的凯旋式建筑。这些建筑充

古罗马建筑遗址。

分反映出奥古斯都时期的建筑风格，与前面所述的建筑成就一同体现了这一时期罗马建筑艺术的创新和发展。

古罗马浴场一隅。

3. 帝国初期的建筑艺术

建筑艺术是古罗马文明在帝国初期最辉煌的成果之一。

罗马建筑艺术在奥古斯都时期基本上进入空前繁荣的阶段。此时，古罗马人在全面吸收、掌握希腊建筑艺术的基础上，形成了自身鲜明的体系和风格。在神庙、会堂、宫殿、广场、剧院、浴场、桥梁、水道、城建等方面，都取得了前所未有的创新成果，并形成了古罗马独有的特色。

和建筑艺术相比，古罗马雕刻和绘画艺术也取得了辉煌的成果。

当古代罗马人开始接触雕刻艺术时，其已经在地中海各地成为一种不足为奇的艺术形式了。古希腊人很早就从古埃及人那里学会了雕刻艺术，并在其启发下，学会了用雕刻工具进行石雕艺术创作。古罗马人征服地中海区域后，才真正认识到卓著的希腊雕刻艺术在罗马的适应性。尤其是希腊雕刻艺术中真实地再现当时发生的事件的记实雕刻手法和普通人家的写实雕刻法，并迅速在罗马发展起来。

1. 共和国末期的雕刻、绘画艺术

在共和国末期，古罗马雕刻艺术主要体现在叙事浮雕和肖像制作两个方面。古罗马雕刻艺术受古希腊浮雕注重人物形象、合理布局等特点的影响较大。古罗马浮雕承袭了叙事浮雕本身的特点，同时体现了古罗马人质朴务实的精神。现藏于巴黎卢浮宫的多密图斯·阿享诺巴尔布斯祭台浮雕，详尽地描绘了古罗马公民应征入伍和献祭送行的场景，其中对报名应征、审查户籍、入伍编队、奔赴疆场等每一细节都进行了精细的刻画，画面层次感强，人物动作、形象完美，感染力极强。共和国末期的肖像雕刻也有非常卓越的成果。古罗马肖像雕刻的出现是和殡藏仪式紧密相关的。古罗马人崇

拜自己的祖先，有保存前人遗容的习俗。他们用腊在死者脸上拓出遗容的脸形，把它和灶神等家神同样供奉。这一习俗，成了促使肖像雕刻产生的一个原因。正是如此，古罗马肖像雕刻才具有特殊的意义，并逐渐演变为一种影响深远的艺术形式。在古罗马雕刻艺术的宝库里，我们能看到那些饱经沧桑、面容坚毅的老人雕像，也能看到如庞培、西塞罗、恺撒等经过理想化、性格化处理的著名人物的雕像。艺术家在对人物相貌真实模刻同时，还注意体现人物的地位和权威，因此宣传意义和象征作用十分强烈。在这方面，最典型的是恺撒大帝的雕像。在表现掌握大权之前的恺撒的雕像上，着重表现他英勇顽强，一无反顾的豪壮气概，描绘了他智慧超人的政治家形象。这时的雕像注重从人物的面部上表现人的性格和精神，客观写实性较强。但当表现恺撒独掌大权后的雕像上，就发生了明显改变，在原来的面孔上加入了许多带有帝王气质的描绘，那种盛气凌人、气势豪壮的神圣气度，历代帝王所共有的光荣自豪、超凡脱俗的性格气质在雕像中表现得淋漓尽致。

在人物雕像方面的成就更为突出，如维铁里乌斯肖像，生动地表现了一个妄自尊大、沾沾自喜的元首形象，而维斯帕西亚努斯肖像，则展示了另一个求实、执拗、幽默的元首风貌。尤其是那幅梳

着时髦卷发的罗马妇女肖像，从现实主义出发，主要表现的是一位罗马贵族淑女在自信的外表下所暗显的冷酷自私的内心世界。其繁复的发型和面部高雅的风度，将这一性格特征体现得惟妙惟肖。

这一时期还出现了许多具有高超艺术表现力的肖像雕刻作品。如罗马音乐宫的布鲁斯特青铜雕像，是用肖像展示人物性格的典范。这件青铜胸像雕刻，将共和国时期罗马人庄严、坚定的性格形象展示得十分鲜明。表现奠酒祭神的罗马人的雕像，穿着又宽又长的衣袍，盖头裹住了头部，刮得干干净净的脸部和头部，充分表现了祭神祈祷者专注而虔诚地执行传统宗教仪式时的情形。在诸多作品中，珍藏于罗马特尔美博物馆的角斗士青铜像和珍藏于梵蒂冈博物馆的赫提克利斯残雕更具代表性。角斗士青铜像表现的是古罗马时期生活中常见的那种饱经风霜但结实健壮的奴隶形象。作品把角斗士五官粗陋、筋骨强健、满脸胡须的形象表现得入木三分，尤其是对其身上的累累伤痕、道道汗痕血迹、深陷的眼睛和临战前侧面张望、忙里偷闲的情景刻画得真实生动。赫拉克利斯残雕是罗马艺术史上一件著名的艺术遗迹，它只有一段身躯和半支残腿，但从这残余的部分看，它将人物肌肤筋骨的起伏明暗表现得异常精妙。这些肖像雕刻无论在艺术手法还是表现风格上，都充分显示了古罗马人坚毅的精神面貌，代表着共和国末期罗马雕刻艺术的发展和成就。

壁画是共和国末期绘画艺术的主要体现。其中最有代表性的作品是著名的庞贝壁画。在庞贝城发现的绘制在墙壁上和天花板上的

图拉真广场堪称古罗马建筑艺术的典范。

古罗马的精美雕塑。

图画，是古代罗马绘画艺术的突出表现。公元 79 年，庞贝城因维苏威火山的爆发而被吞没，幸运的是那里的许多壁画被完好地留存下来了。19 世纪末期，学术界把庞贝壁画分为四种风格，这些风格基本上是按其建立的先后顺序划分的，但也有一定的交叉和历史联系。从历史进程看，公元前 2 世纪与公元前 1 世纪的共和国时期，是第一种和第二种风格发展的时期。这两种风格无论在内容还是表现形式上，都具有很大的差别性。

第一种风格实际上是一种建筑风格。其主要特点是用古典柱廊结构当画框，对墙面进行分割，然后在框内空间里绘出人物形象、亭台楼阁、宗教仪式、喜庆典礼等，因而空间感很强。这种风格的壁画常常在墙垣的中央画上篇幅巨大的图画，其中大部分取材于神话。在许多别墅、邸宅中的壁画，是保存下来的第二种风格壁画中的优秀典范。尤其是庞贝“秘密祭别墅”的壁画，它在第二种风格的壁画作品中甚至整个古代罗马绘画艺术中都占有十分重要的地位。这是在一座宽大的别墅的房间墙壁上绘制的图画，墙的上、下部是建筑装饰图案，在其余的空间里画满了人物及其活动。在暗红色的背景下，画面人物巨大的形体、鲜明的色彩、优美准确的轮廓比例，显示出这一壁画已达到很高的艺术水平。其中的许多图画逼真有趣，动人心弦。那被拷问的年轻妇女，从姿势、情态，到蓬乱的头发，都充分表现了受难时妇人的痛苦形象。可是，下一幅画却把人引入另一个天地，给人一种新奇的感觉，年轻的妇女跳着舞，正在向酒神献祭，其漂亮的形体，虚实相映的线条，飘动着的黄红斗篷以及纵酒狂欢的神态，都不禁使人对壁画创作者的艺术功力赞叹叫绝。

奥古斯都时期的古罗马雕刻艺术有了很大发展，从其代表作品《和平祭坛》便可以看出，此时的雕刻作品在艺术手法上已有创新。它摒弃以往追求原本的自然主义手法，倡导以写实为基础的加工和描写，为后来古罗马雕刻艺术的发展奠定了基础。和平祭坛大门两边的神话和寓言浮雕大都遗失，只留下一块完整的表现女神的作品。女神怀里抱着两个婴儿，代表海风和陆风的神灵绘在女神两边。这位丰满健美的女神，其形象庄严典稚，被认为是古罗马雕刻艺术中塑造的女性形象最完美的一幅作品。整个画面构图考究，布局巧妙。

米开朗基罗的雕塑作品《哀悼基督》。

祭坛外墙下边刻有许多花草浮雕，预示着和平祭坛将给人们带来生机和兴旺。

提图斯凯旋门上的浮雕也很壮丽。它是在一块高24米的石板上描绘皇帝站在用四匹马拉着的战车上凯旋时的场景，皇帝身后是胜利女神，整个作品主题明确，内容突出。浮雕上还刻画了得胜归来的军队，画面上的人物从纵深处朝不同的方向行进，给人以生动可信之感。

绘画艺术在这一时期的主要贡献是促进了第三种壁画风格的形成和发展。第三种风格也可以说是装饰风格，它是冷静与华贵的完美融合，优雅纤秀、细中见精的体现。这种风格的壁画使墙垣的平面性加强，将其用最精细的装饰纹样进行装饰。第三种壁画风格多是在画面中间以浅色强光突现一幅画的纤巧精细，其内容有描写神话故事的，也有描写山水风景的。这种画常带有梦幻色彩，画中的湖光山色、亭台楼阁，忽明忽暗，如同海市蜃楼。第三种壁画风格的建筑物上常镶缀光芒四射的珠宝花环，尽现雍荣华贵。

除了壁画外，还有一些架上绘画，主要是肖像画。遗憾的是，罗马的肖像画几乎没有保存下来。

创作于公元79年的庞贝壁画。

2. 雕刻、绘画艺术的辉煌时代

帝国初期的繁荣昌盛，将古罗马雕刻和绘画艺术也带入了一个辉煌的时代。

这一时期最具代表性的拉奥孔群像被誉为古典雕刻艺术的杰作。但是对于该作品的创作年代，学术界却各有论点，有的认为产生于希腊时代，有的认为产生于罗马帝国初期。总的来说，人们倾向于把它归入希腊艺术之列。这个问题的答案终于在1957年从罗马以南的斯柏

隆加发现的提比略别墅雕刻中，颇露端倪。后来的研究证明，拉奥孔群像是提比略时代的作品，应该是在罗马精神和艺术风格影响下的希腊艺术家所创作的作品，由于该艺术家可能是在罗马工作的，因此拉奥孔群像可能属于罗马艺术范畴。

拉奥孔群像描写的是特洛伊城祭司拉奥孔和他的两个儿子被大蟒吞食的故事。关于这个故事诗人维吉尔曾在《伊利亚特》中进行了生动的描述。拉奥孔的悲剧实际上反映了绝大多数英勇、正直的特洛伊人的悲剧。由于这一故事生动无比、扣人心弦，所以给罗马人留下了深刻的印象，于是罗马人采用雕刻这种艺术形式来反映这一故事。拉奥孔群像表现人物感情和动感时所采用的完美的雕刻技巧是这一古典名作在雕刻艺术上最突出的成就。拉奥孔群像细腻、沉稳、生动的描写和丰富的感情是其他古典作品所无法堪比的。迟轲在《西方美术史话》中，对拉奥孔群像的艺术特色进行了细致的描述：父亲拉奥孔被蛇咬伤后，不顾巨蟒的缠绕，继续奋力抗击，身边的小儿子已被缠得奄奄一息，即将气绝身亡，使观看的人无不同情和惋惜，他右边的大儿子尚未遭蛇咬，使人们既怕他遭蛇咬，又担心他能否趁机逃脱。这种对人情常理的描绘，生动感人的艺术创造，表明了古罗马雕刻艺术在帝国时代已发展到了一个新的高度。在这一代表性杰作的带动之下，帝国初期的雕刻艺术朝着情态丰富，技艺精湛的方向继续发展。

帝国初期的浮雕艺术非常辉煌，而且成就卓著。这时的浮雕虽然仍是建立在奥古斯都时期浮雕艺术基础之上，但其内容丰富异彩纷呈。从提图斯统治时期到图拉真统治时期的几十年间，是罗马帝国初期浮雕创作的黄金年代。那些鼓吹皇帝功绩的、规模巨大的纪念浮雕，如提图斯凯旋门上的浮雕、图拉真凯旋门，以及图拉真广场纪念柱上的浮雕，把古罗马浮雕艺术推向高峰。

为纪念皇帝提图斯镇压耶路撒冷的犹太起义而修建的提图斯凯

旋门，位于罗马广场的东南角。提图斯凯旋门上浮雕的主要内容是提图斯平息叛乱，归来后举行凯旋仪式的场景，中心画面是表现皇帝得胜归来，驾车入城时的情景和凯旋仪式中展示战利品的队伍行列。作品极具动态，布局设置井然有序。尤其是在平面上凭借高超的技艺精心雕刻而获得的空间效果，对古罗马浮雕艺术的发展具有一定创新意义。图拉真建于本内文托的凯旋门以表现他的和平政绩为目的。其上面的浮雕作品不似过去那种专表皇帝军功武威的题材，而是主要表现内政外交方面的图画。这一时期最有代表性的佳作是图拉真广场上著名建筑，即图拉真纪念柱上的浮雕。由 22 个圈组成的浮雕带呈螺旋状自下而上环绕在图拉真纪念柱柱身。这个用圆形大理石块构成的圆柱，耸立在一个方形的基座上，柱身上的浮雕总长 200 米左右，浮雕上出现的人物有二千五百多个，表现了 155 个场景。如图拉真对官兵进行动员演说、召开军事会议的情景、人们献祭敬神、欢呼雀跃、庆祝胜利的场景，以及士兵们修筑工事、严阵以待或冲向敌人的场面……无不尽现其上。图拉真纪念柱内部是空心结构，圆柱内有螺旋式梯子，柱子顶端安放着图拉真雕像，柱脚里埋着图拉真夫妇的遗骨。从艺术发展的角度来看，图拉真纪念柱在长达 200 米的浮雕带上，展现出百余个场面，这种艺术手法无疑是对古罗马浮雕艺术的一个创新和发展。

人物雕像创作是这一时期雕刻艺术的另一成就。为了宣传帝国政治，为皇帝的统治服务，当时的雕像创作主要是制作皇帝肖像以及宫廷贵族们的雕像。在内容上多是为皇帝和帝国统治歌功颂德、增光添彩；形式上主要有头像、胸像、全身像，并表现出多种多样的衣着和神情。其中优秀的作品如韦伯芗雕像、图拉真雕像，以及一些宫廷和贵族妇女的雕像。在雕像作品中，青铜骑马像也具有重要地位。这种来自于希腊的艺术形式在罗马帝国时期，只有皇帝才有资格享用。

帝国初期的罗马绘画形成和发展了庞贝壁画的第四种风格。其特点是将前三种风格中贴面、建筑、装饰的特征融为一体，从而形成一种综合风格。这一时期，尼禄统治下的罗马帝国为新风格的壁画创作提供了足够的空间，金碧辉煌的皇宫等恢弘豪华的建筑，使艺术家可以大展身手，尽显其能。但尼禄金宫的壁画大都残破，只有少数残迹遗留，仅仅如此，也使后人异常赞赏。庞贝壁画第四种风格的代表作品首推庞贝古城中的维蒂家宅中的壁画。这位被释放的奴隶靠经营印染业发家。在其住宅里，厅堂墙垣上布满了第四种风格的壁画，有的房间里绘制得异常华丽，十分吸引人。这些画面一般多以深红宽带为边的方框。中央大框和两旁及上部的框边内，都绘有精致生动的图画，给人以四壁生辉、变幻纷繁的感觉。尤其是在许多厅堂壁画上，沿小框或画面空白处有一些描绘或反映宅主职业和社会生活中百业劳作的图画，从工商业到农业、加工业，甚至是印染纺织、金属加工、栽花植树、酿酒榨油、制砖造瓦等具体劳动场面，都一一绘入壁画中，使整个房间的画面琳琅满目、美不胜收。

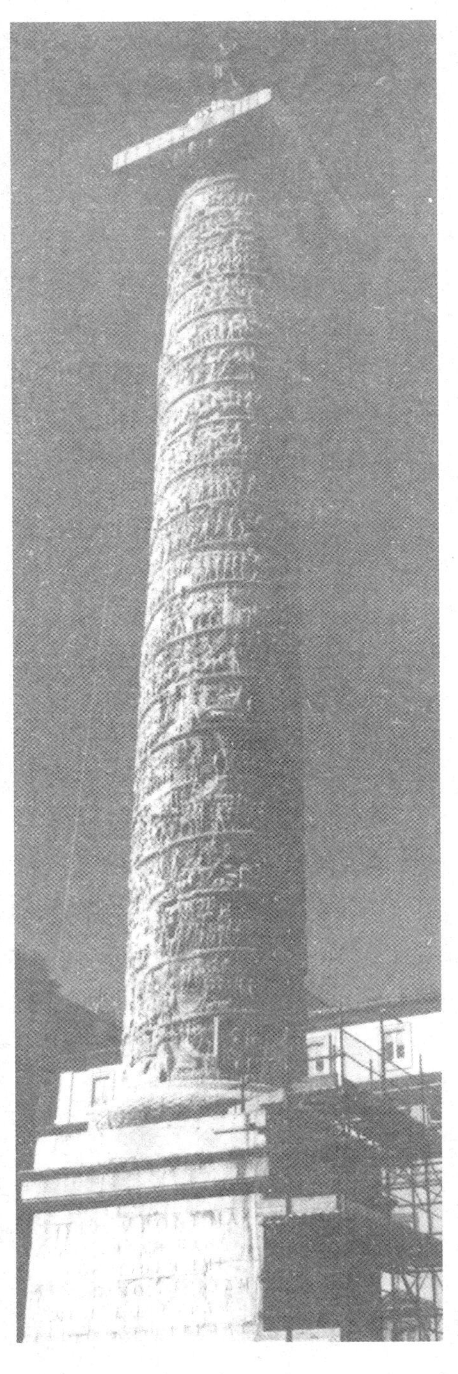

3. 丰富多彩的实用美术

生产力的发展和社会的进步促进了绘画雕刻向实用美术方面的发展。伴随社会的进步和各种艺术形式的发展，古罗马的实用美术日渐兴盛起来。

古罗马实用美术的内容和形式十分丰富。在希腊艺术的影响下，古罗马人用罗马题材

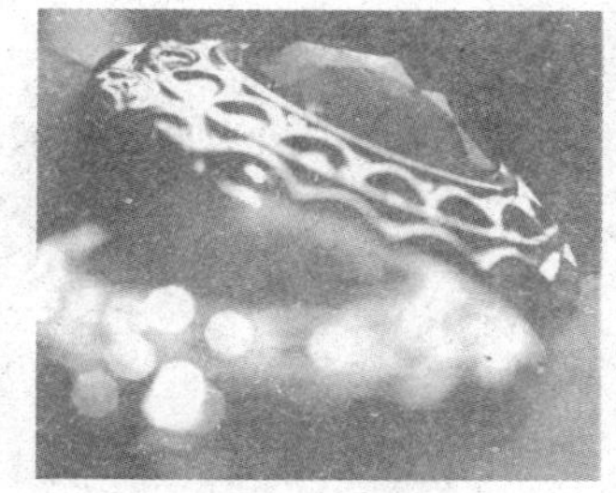

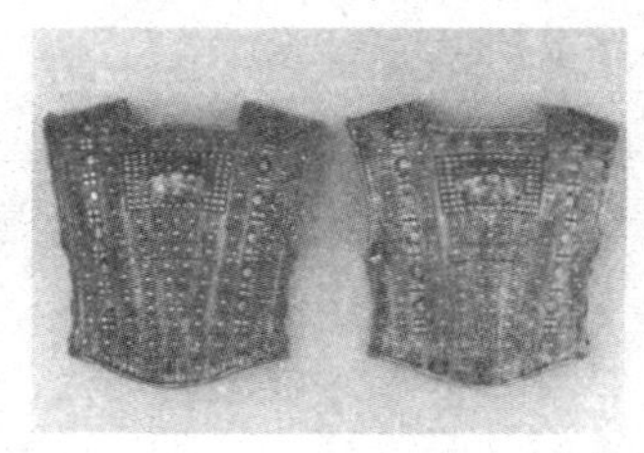

创作了许多宝石雕刻作品，其中具有典型代表的是帝王雕像和以人们做礼拜时的情景为题材的作品。这些艺术家运用缠丝玛瑙，巧妙地雕刻出神像或统治者的肖像。在制作货币的模子或印章上他们运用了这些技术工艺，把统治者的半身雕像刻在货币的正面，这成为古代罗马帝王和帝国政府同广大民众进行直接沟通的一种工具。

珠宝饰物是艺术家和工匠们忙于生产的作品。这类饰物如王冠、耳环、项链、头盔、手镯、指环等都是通过雕刻、铸造、制模、小锤敲打等多种工艺制成的。妇女们非常喜欢佩戴用金、银材料制成的饰物。后来人们又喜欢上玻璃和彩石，于是就出现了用这些材料设计制作的新颖别致的工艺品。除了为普通公民设计制作工艺品外，古罗马艺术家还特别为宫廷和私人住宅制作了大量精美的工艺品。那些用木头、青铜、象牙等材料制作的家具和工艺品，大部分已经腐烂，只有花园中那些用大理石雕刻的桌椅等，抵住了岁月的侵蚀。

在古罗马以玻璃为原料的工艺品也很盛行。最初人们一般用冷切割、压模或在砂芯周围灌入玻璃熔液成型等方法制作玻璃容器，这些方法比较落后，不仅费劲，而且产品也很笨拙粗糙。公元前50年前后，在罗马生活的叙利亚人发明了玻璃吹制成型技术，这给玻璃器皿的生产注入了新的生命力。玻璃不仅可以按人的需要直接吹制成型，而且能以熔按技术添加把手、底环等，并通过雕刻、绘画等，进行精美的加工。在这种工艺基础上，人们还发明了一种更为奇特的技术，即把不透

古罗马金属盾牌。

明的白色玻璃加热后压贴在彩色玻璃上，再用雕刻方法切去白色玻璃。使其变为宝石般的装饰品，看上去秀美动人。

金属釉陶器皿在罗马也迅速地流行起来。在金、银、青铜制器皿中银制器皿比较盛行，而且大多是由技艺精湛的艺术家精工制作的，因而备受欢迎。如杯子、碗、长柄勺和盘、壶等银制器皿，常常标志着人们的社会地位。在制作工艺上，人们通常采用锤打、雕刻及涂金的方法，采用“敲花细工”，即从反面制作花样的方法，使器皿表面呈现出精致的纹饰和人像浮雕等装饰。在内容上，这些银器上的装饰图案有的以罗马神灵和人物为题材，有的与希腊相联系，这类银器上大都标有重量。许多富人对由贵重金属制成的餐具的需求日益增多，而艺术家们用陶土原料制作的餐具则备受冷落。但是那些优秀的陶器，尤其是制作精巧、造型优美的釉陶器皿，仍然被广泛使用。其中东地中海地区喜爱红色釉陶，并对后来的发展更有意义。彩釉器皿上多数都仿制金属器皿上的人像浮雕或其他装饰，这种工艺以“麦加拉”碗为代表。碗上精致地雕绘着希腊神话和戏剧中的人物形象，这类红色彩釉和优美浮雕，成为古罗马釉陶精品的重要特征。彩釉器皿的制作工艺到后来又有了一定的创新和发展，以至在小亚细亚、意大利和高卢等地相继出现了涂有真正浅绿色和淡黄色彩釉的器皿。

此外，为满足人们日常生活需求，古罗马工匠们还制作了许多供生产、生活用的工艺器具。农具、兵器、甲胄、马饰、医疗器具、锁子、炊具和家庭用具等等，都充分体现了古罗马人独有的造型艺术和工艺水平。另外，亚麻织品、羊毛、驼毛等纺织品的编织方式、刺绣和绘画等手法，都代表着罗马实用美术达到了一个全新的发展水平。

# 非洲文明

FEIZHOU WENMING

# 璀璨夺目的古埃及文明

绵延千里的尼罗河，滋养了沙漠，肥沃了土地，也孕育出了辉煌的古埃及文明。古老的象形文字、神秘的金字塔、雄伟的狮身人面像和不朽的神话传说，如同一座座让人仰望的丰碑，记录着古埃及璀璨的文明。

古埃及文明指的是在尼罗河第一瀑布至三角洲地区，时间界限为公元前5000年的塔萨文化到公元642年阿拉伯人征服埃及的这段历史。

从公元前3000年前后埃及南、北王国的初次联合，到公元前332年马其顿王国亚历山大大帝占领埃及，托勒密王朝覆灭，也就是人们通常所说的历时三千多年的法老王朝，这段时间是研究专家们探讨古埃及文化的时间范畴。

图特摩斯三世像。

埃及是世界著名的文明古国之一。早在古罗马人研究确定未来帝国雏形的时候，埃及就已经是一个拥有文字记载历史三千五百余年的文明古国。当日尔曼人和凯尔特人在北欧森林里狩猎的时候，埃及开始衰败。据考证，即使是埃及的最后一个王朝——第二十六王朝衰落时，也只是发生在公元前500年前后的事。

可是，埃及是如何被世

古埃及文明。

界了解的呢？就是说，在地理意义以外，世界是怎么知道埃及的历史文化的呢？18 世纪法国大革命的受益者、赫赫有名的法国皇帝拿破仑·波拿巴一世在历史和文化意义上是埃及的发现者，这可能只为少数人所知晓。

公元前 3 世纪的曼涅托，将从美尼斯开始至马其顿亚历山大征服为止的埃及历史分为 30 个（或 31 个）王朝，现在学者又在此基础上将古埃及史分为以下几个时期：

1. 前王朝时期（约公元前 4500 年—前 3100 年）
2. 早王朝时期（约公元前 3100 年—前 2686 年）
3. 古王朝时期（约公元前 2686 年—前 2181 年）
4. 第一中间期（约公元前 2181 年—前 2040 年）
5. 中王朝时期（约公元前 2040 年—前 1786 年）
6. 第二中间期（约公元前 1786 年—前 1567 年）
7. 新王朝时期（约公元前 1567 年—前 1085 年）
8. 后王朝时期（约公元前 1085 年—前 332 年）

古埃及壁画。

9. 马其顿希腊人和罗马统治时期（公元前332年—公元642年）

奴隶制国家形成和统一王朝出现的时期是第一到第四时期，统一王国重建和帝国时期是第五至第七时期，埃及奴隶制国家衰落和陷于外族统治下的时期是第八至第九时期。

## 埃及的兴起及其发展历程

尼罗河孕育了辉煌的古埃及文明，它润泽了沙漠，滋养着绿洲，是哺育人类的生命之河。

尼罗河文明即古埃及文明，产生于约公元前3000年。在与苏美尔人的贸易交往中，位于亚非大陆交界地区的埃及逐渐形成了自己的文明特色。

每年尼罗河河水的泛滥都会给河谷带来一层厚厚的淤泥，使河谷地区的土地肥沃，这里的庄稼可一年三熟，因此埃及被称为“尼罗河赠礼”。在古代埃及，农业是最主要的社会经济基础。如此天成的自然环境和自然条件，使古埃及的历史比较单纯。

人们将苏美尔文明称为人类最早的文明，虽然有许多证明，但能不能算是最早，其实还很难说。

在亚述领土上曾发现过与苏马利亚同类的雕像及文物。但对于这两个地方的文明，后人很难确定其直接来自苏马利亚还是间接由其他地方传来。如《汉穆拉比法典》与苏马利亚时期的法典就很相

似，可是，人们很难断定二者的关系是否是一脉相承。

有人曾经指出，虽然在记载上埃及和美索不达米亚对大麦、小麦、小米等作物的种植，以及对牛、山羊、绵羊等畜类的饲养为时甚早，但这些动植物以野生状态存在的地点，却不是埃及和美索不达米亚，而是西亚，特别是也门或阿拉伯。从这点看，谷类的种植、牲畜的饲养，以及文化似乎都是发源于阿拉伯，而后流传于美索不达米亚（苏马利亚、巴比伦和亚述）和埃及尼罗河三角洲。然而，从目前研究阿拉伯的古代史料来看，似乎找不出多少有力的证据来支撑这种说法。

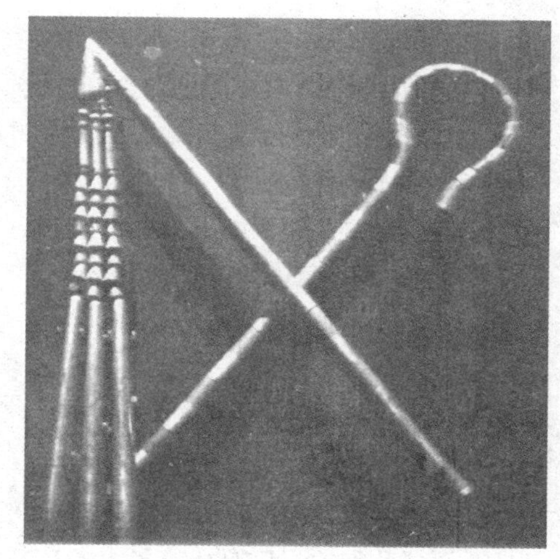

古埃及法老的权杖。

如今，比较确凿的证据可以证明，文化最先发源于美索不达米亚，而后扩展到埃及。众所周知，埃及很早就已和美索不达米亚有了商业上的往来，其交通渠道，或经由苏伊士而出地峡，或经由古尼罗河河口而出红海。从古代地理环境来研究，埃及在较早一段时期，其文化形态属于西亚而不属于非洲似乎是很自然的。由于尼罗河泛滥和沙漠行走不便，使埃及难与非洲其他各地往来。但与之相反的是，埃及与西亚由于红海和地中海行船的便利，更加强了联系。

埃及的语言，越是古老与近东的闪族语言就越接近，这是对埃及语言有深刻研究的人所共知的。埃及建国前所使用象形文字与苏马利亚文字相比，极为相似。但最显著的，要算圆柱形印章。最初它完全和苏马利亚印章一模一样，后来，才渐渐被埃及风格所取代。这可以说是一般舶来品的共同命运。在埃及第四王朝以前，并不常见陶器转盘，但苏马利亚人早就有这种东西了。据说，埃及的陶器转盘是伴随马车、战车一起经美索不达米亚运来的。

古埃及的“权杖”杖端的装饰，和巴比伦所用的权杖的装饰是一样的。埃及初期的建筑风格与西亚极为相仿。另外，陶器、雕像、神像，以及种种装饰品，还有埃及建国以前的物品，都非常清晰地显示出西亚地区的特征。

一位知名学者认为，虽然大麦、玉蜀麦、小麦是非埃及野生植物，但埃及很早就开始种植这类作物。他相信，苏马利亚的农耕文化是由埃及传过去的。

就目前人们所掌握的种种证据显示，埃及晚于苏马利亚似乎已成定论。但是，虽然尼罗河文明曾受到两河文明的“灌溉”，但不久后，它便继续发展自成体系。从文明本身角度来看，尼罗河文明拥有丰厚、壮丽、精细的风格，而苏美尔文明却无法与之相比，即使是与高度发展的希腊或罗马文明相比较，亦不落后。

## 尼罗河的恩赐——埃及

亚历山大港是一个最完美的海港，它因政治家亚历山大而得名。海港防波堤修长而坚固，堤外波涛汹涌，堤内水平如镜。在一个名叫菲拉斯的小岛上，纯白色大理石修筑而成的高达 152.4 米的亚历山大灯塔，雄伟壮美、无可堪比。古人曾将之列为世界七大奇观之一。长久以来，往来于地中海的水手一直将其作为膜拜赞颂的对象。虽然岁月无情，大理石灯塔已随海浪尽逝，但新的更为壮美的灯塔

又矗立于岛上。现在，凡从地中海驶来的轮船，在进入亚历山大港时，都要先寻找这座灯塔。亚历山大港是一座美轮美奂的港都。正如其建造者亚历山大所期望的，它凝结着埃及、巴勒斯坦及希腊文化的精粹。

埃及人将尼罗河视为“母亲河”，它是埃及的“生命之源”。远远望去，酷似生长着一株棕榈树的绿色三角洲镶嵌在茫茫沙海之中。千百年来，埃及人世世代代都在尼罗河谷地生息繁衍，过着富足的生活。

然而尼罗河并不是一条“温顺”的河流，它每年都会泛滥一次。大约从夏至日起，泛滥期持续 100 天。经此泛滥，沙漠逐渐变为沃土。大水退后，往往会为埃及带来新的繁荣。可以说尼罗河的泛滥对埃及来说，是“一种恩赐”。

美丽的开罗城位于亚历山大港南部约二百一十千米处。开罗的南部还有神秘的金字塔，它是埃及文化的主要表现。

在一片广袤无垠的沙漠中，在碧空的映衬下，金黄色的沙漠为背景，使得这原本巨大无比的金字塔更呈现出神秘威严之势。金字塔从来都是不寂寞的，在此地，游人穿梭往来，络绎不绝。有骑驴的富商巨贾、骑马的王孙公子、坐车的千金小姐，还有高踞骆驼背

曾经的亚历山大灯塔已不复存在，后人在灯塔原址修建了气势恢弘的军事堡垒。

上的俊俏少妇。

在壮观的金字塔前，无论是恺撒、拿破仑还是其他任何伟大的人物，都会显得十分渺小。如高山一般的狮身人面雕像屹立在金字塔旁。作为人的一半，具有一副哲学家的面孔；作为狮身的一半，它的前爪正扒着黄沙；它以人的目光，漠视着络绎不绝的游客，以及那一望无际的沙漠。

建造金字塔是一个庞大而复杂的工程。约从九百千米外，将成千上万块重达数吨的巨石运来，同时还要举到高近二百米处，这在缺乏充足的财富、权威和技术的条件下是难以办到的。据测算，构筑这些金字塔至少需要 10 万人工作 20 年。

伟大和壮观是金字塔给众多参观者留下的深刻印象。但抛开其伟大壮观的外衣，所显现的却是血泪与悲凉。

## 光芒万丈的古埃及文明

第三、四王朝的古都孟菲斯，其人口曾达 200 万，如今除几座小型金字塔和几丛棕榈树外，就只剩下一片沙漠了。这些沙漠西起摩洛哥，东越西奈至阿拉伯、土耳其，再越西藏而达蒙古。顺着这条沙漠，曾经出现过两大文明。这两大文明，当其兴盛时都异常辉煌，但随着岁月的流逝俱已灰飞烟灭。沿着尼罗河，上自地中海，下迄努比亚，两岸各有一片宽达 20 千米的沃土带。这两条带状沃土，可以说是埃及人的命脉。埃及从公元前 3400 年（米尼兹王）到公元前 30 年（克里奥帕特拉女王）的悠长的历史与希腊或罗马相比是何等长久。

古城卢克索就是希腊人所称的底比斯，它曾是远近繁华富庶的名都。但现在，除黄沙之外，便只剩下了几个阿拉伯式的村落。卢克索有一座为人所称道的冬宫位于尼罗河东岸。从冬宫向西眺望，可见一大排闪闪发光的东西。而那些东西，就是哈特舍普苏女王神庙的廊柱。

美丽伟大的哈特舍普苏女王希望将她的山陵修饰得美丽而壮大。在一座花岗石山的悬崖绝壁，雕凿成若干壮丽且无可匹敌的廊柱，这对没有巨大魄力的人来说是难以企及的。和廊柱一样让人心动的是四壁的浮雕，这些浮雕上所叙述的多是历史上伟大女王一生的故事。从此向北约 1.6 千米处是拉美西斯二世雕像，这座雕像也是用巨石刻成的。

尼罗河西岸，似乎是属于亡灵的世界。埃及的研究人员曾在这儿发掘出很多陵墓。今天正式开放供人参观的，仅有塞提一世的陵墓。进入陵内，会给人一种凉丝丝的感觉。在里面可以见到四壁及天花板上的精美雕刻，以及装饰得富丽豪华的石棺，还会见到制作精细的木乃伊。

但不管怎样说，尼罗河东岸的建筑仍都是埃及文化的精华。这些建筑在蕴涵着美丽之余，更具有雄浑的气势。埃及统治者所追求的，乃男性美的极致。阿蒙霍特普三世所修筑的宫殿，就是这种精神的代表。如今散乱黄沙的广大庭院，曾由一色大理石拼成的地板，以及满排于西厢及正厅门前雕刻精美的廊柱。在任何一个不引人注意的角落，几乎都有一座雕刻得栩栩如生的雕像，骄傲地矗立着。

让我们闭目瞑想：由 8 根长长的纸草杆捆成一束，底下是由 5 条锦带缚起来的几枝含苞待放的鲜花，然而这些纸草、锦带与鲜花都忽然幻化成巨石。这样的石雕，就是建筑史上有名的卢克索纸草状圆柱。一座宫殿，以那些精雕细刻的圆柱，加上曲折的回廊，并处处缀以新奇精致的雕像，这该多美！这座迄今已有千年历史的宫殿，如此壮观的建筑竟出自于刚刚从野蛮进入文明的人之手，不能不让人产生钦佩之感。

昔日辉煌的卢克索神庙遗址。

威严的狮身人面像。

精致的卢克索宫殿与卡纳克神庙相比，却也稍显逊色。这座神庙，经埃及五十多位国王先后经营——始于古王国最后一个王朝，直至托勒密王朝时代。这座伟大的建筑是在人类的想象之内，把美最虔诚地献给神。

埃及学创建者曾于1828年来到这里后，写下这样一段话：

“我最后到达了一个地方，那似乎是一座宫殿，又似乎是一座城池。这座又像宫殿又像城池的建筑，就是卡纳克神庙，是埃及诸王封神所作的贡献。人类所能想象出来的美，似乎已凝聚于此。所谓的美，即凡建筑所能表现的，如壮丽、雄伟、高雅均已包含其中。伟大的古埃及人，其才学实在难以衡量”。

卡纳克神庙由许多宽广的神殿所构成，所有神殿里的雕像总计可达八万六千余尊。名为阿蒙的神庙是其中主要的一座，其殿基宽约305米、长约91米。神殿由无数桥塔花门构成。神庙中，最为精美的雕刻，要数图特摩斯三世的石柱。这些石柱，虽然顶端有许多地方发现裂痕，但仔细观察，其设计之精、雕刻之美，仍令人赞叹。美丽绝伦的献礼厅也别有一番韵味。伟大的“多柱堂”则是一座奇特的建筑。它一共有140根石柱，且石柱都大得惊人，每根石柱顶端，均展开呈掌状，它们共同托起了由花岗石石板做成的屋顶。

但迄今为止，人们所发现的埃及文物，也许都无法代表埃及文明中最美好的部分。研究埃及，不是一项简单的工作。在生活上，

卡纳克神庙中斑驳的古迹。

必须能够忍受风沙烈日的侵袭；在智慧上，必须能够冲破愚昧迷信的阻挠；在思想上，必须能够将数千年来，残碎不堪、一鳞半爪的资料汇成一体。

然而，研究埃及已不能等待。因为，随着岁月的流逝，一时的光辉灿烂，都会幻化成尘。

1899 年 10 月 3 日，卡纳克的 11 根廊柱，已因受水浸蚀而坠毁。

## 古埃及的宗教

宗教是古埃及人最重要的精神生活。埃及宗教信仰的一个主要内容是关心死亡，为来世（尤其是国王的来世）作好物质准备，古埃及的木乃伊和金字塔（坟墓）都与这种宗教信仰有关。埃及人崇拜太阳神，尤其是在法老政权强化以后，埃及兴起了崇拜太阳神的神崇拜运动。太阳神被称为拉，后来又叫阿蒙拉，是埃及的最高神，法老（国王）则被视为太阳神的化身。所以，法老没有神圣与世俗的区别，始终被认为是神王。法老既然是神王，其权力也就被神化了，他的话就是法律，因而埃及也就没有特别严谨的法律制度。国家对经济生活的绝对控制，也是埃及文明的一个显著特征。

宗教贯穿了整个古埃及的历史，是古埃及文化的一个重要组成部分。古埃及最重要的宗教中心有 4 个：赫利奥波利斯、孟菲斯、赫尔摩波利斯和底比斯。

在古埃及，人和神之间的关系可以概括为：人们该做什么、不该做什么都必须听神的告诫。正是由于人们违背了神的意愿才出现了世上的罪恶；造孽的人终将遭到报应，行善的人也必将会获得奖

狮身人面像。

赏。古埃及人认为，神祇是经过舌和心对人们进行引导的。因为，作出决定、制订计划是由心来完成的，而将决定和计划公诸于众则是由舌来完成的。这两个器官对人的行为起着决定性的作用。神祇是这两个器官的向导，因而是人生的舵手。

古埃及人相信，世界有始无终，原本混沌的世界是在创世神的创造和整顿下才开始存在的。他们还坚信，万事万物都在循环往复，世界永恒不变。古埃及人的时间观偏重未来，他们认为无尽的世界正等着他们去享受。

古埃及人认为，人生在世主要依靠的是看得见的人体和看不见的灵魂两大要素。灵魂被称为“巴”，它是长着人头、人手的鸟。人死后，“巴”可以自由飞离尸体。但尸体仍是“巴”依存的基础。为此，要为亡者举行一系列名目繁多的复杂仪式，这样才能使他的各个器官重新发挥作用，使木乃伊复活，继续生活在来世。亡者在来世生活，需要有牢靠的居住地。古王国时期的金字塔和中王国、新王国时期在山坡上挖掘的墓室，都是亡灵的永生之地。古埃及人认为，现世是短暂的，来世才是永恒的。

六级梯形金字塔。

# 美洲文明

MEIZHOU WENMING

# 神秘而发达的玛雅文明

关于玛雅文明有许多传说，提到玛雅人，人们的脑海中就会浮现出一群身着鲜艳羽毛服饰的印第安人。的确，玛雅人也是印第安人的一支。玛雅人留下的高度发达的文明遗迹与技艺高超的艺术作品。让今天的人们对这一文明充满了好奇与疑问。

## 高度发达的玛雅文明

玛雅文明是中美洲古代印第安文明的杰出代表，它的创造者是印第安族的玛雅人，故因此而得名。玛雅文明主要分布在墨西哥南部、危地马拉、巴西、伯利兹以及洪都拉斯和萨尔瓦多西部等地区。他们使用共同的象形文字和历法，其生产力水平、建筑风格和艺术也大体相同。玛雅文明约形成于公元前2500年，公元前400年左右建立了早期的奴隶制国家，公元3世纪—公元9世纪发展到繁盛期，到15世纪时彻底衰落，最后为西班牙殖民者摧毁，此后长期湮没在热带丛林中。但玛雅人在农业、文字、天文、数学和建筑等方面的辉煌成就令世人惊叹不已。他们培育的玉米、土豆、西红柿等，传遍了整个世界。

自从哥伦布发现了美洲大陆，美洲文明开始为世人所知。人们在中美洲连续发现了约一百座玛雅古城，其中最著名的有蒂卡尔、科潘、奇琴伊察、帕伦克和乌斯玛尔等。考古学家们考察了这些古城遗址上的金字塔、石庙、石坛、石碑、石柱等建筑。从断壁残垣中，人们可以想象出古代玛雅城市的规模，玛雅人的社会和宗教生活以及他们在天文和数学方面所取得的辉煌成就。然而，这些雄伟的古城到底建于何时？在没有铁器、车马和测量仪器的古代，玛雅人是以什么工具完成了这些艰巨的工程？后来玛雅人又为什么抛弃了这些伟大的建筑而遁迹他乡？

蒂卡尔古城遗址。

1502 年，哥伦布最后一次远航美洲，距离他第一次发现“新大陆”恰好十年。船在洪都拉斯湾靠岸，哥伦布和他的船员们在当地的市场上，发现了一种制作精美的陶盆，卖主告诉他们，这种漂亮的陶盆来自“玛雅”。这个神奇的名字，第一次传入了欧洲人的耳朵。1519 年，西班牙探险家科尔特斯率领西班牙军队横扫墨西哥，征服了正处于文明鼎盛时期的阿兹特克帝国。此时，玛雅文明已近尾声，但在尤卡坦半岛上，还残存着一些玛雅小邦。1526 年，一支西班牙探险队前往尤卡坦，试图用暴力在这里建立西班牙殖民地，并强制推行基督教信仰。不肯屈服的玛雅人与入侵者展开了长达百余年的游击战，直到 1697 年，最后一个玛雅城邦也在西班牙人的炮火中消失了。18 世纪末玛雅文明开始引起了学术界的注意，19 世纪末考古学家们发掘了一批重要的玛雅文明城市遗址，开始了玛雅文明的现代考古学研究。20 世纪 50 年代后，研究进展较快，形成了专门的玛雅学，玛雅地区已成为世界考古学及历史学研究的重要领域。

## 玛雅人的历史及其文化艺术

玛雅文明的发展阶段在学者间说法不一。据美国考古学家哈蒙德的划分，可分为前古典期、古典期、后古典期 3 个阶段。

德累斯顿抄本上的玛雅象形文字。

前古典期即玛雅文明的形成期，年代约在公元前2500年—公元250年。在尤卡坦半岛中央佩腾盆地及其周围山谷已出现定居的农业生活，玉米和豆类是主要的作物；由土台、祭坛等组成的早期祭祀中心也已建立，此后出现国家萌芽，并出现了象形文字。

古典期大约在公元250年—公元900年，玛雅文明进入鼎盛时期，各地较大规模的城市和居民点数以百计，但都是据地自立的城邦小国，尚未形成统一的国家。各邦使用共同的象形文字和历法，城市规划、建筑风格、生产水平也大体一致。玛雅文明的主要遗址大多分布在中部热带雨林区。这一时期，蒂卡尔、瓦哈克通、彼德拉斯内格拉斯、帕伦克、科潘、基里瓜等祭祀中心已形成了规模宏大的建筑群。此时出现了大量刻纪年碑铭的石柱，一般每隔5年、10年或20年建立

帕伦克古城遗址。

一座，成为独特的记时柱。公元 800 年—公元 900 年，这些祭祀中心突然被废弃，玛雅文明急剧衰落。11 世纪以后，玛雅文明中心开始逐渐移向北部的石灰岩低地平原。

大约在 1000 年—1520 年是后古典期，这一时期的文化有着浓厚的墨西哥风格。从墨西哥南下的托尔特克人征服了尤卡坦，并以奇琴伊察为都城。建筑中出现石廊柱群及以活人为祭品的“圣井”球场，还有观察天象的天文台和目前保存的最完整的高大的金字塔式台庙。此后北部的玛雅潘取代了奇琴伊察成为后古典期文化的中心。这一时期的陶器和雕刻艺术都较粗糙，世俗文化兴起，并带来好战之风。玛雅潘的统治者与其他城邦结成联盟，用武力建立起自己的统治。1450 年，玛雅潘毁于内部叛乱，此后百年文化趋于衰落。1523 年—1524 年，西班牙殖民者乘虚而入，从墨西哥南下，占领尤卡坦半岛，玛雅文明被彻底毁灭。

考古学界对玛雅文明湮灭之谜，提出了许多假设，诸如外族入侵、人口爆炸、疾病、气候变化等，学者们各执己见，为玛雅文明涂上了神秘的色彩。

为解开这个千古之谜，20 世纪 80 年代末，一支考察队对约二百多处的玛雅文明遗址进行了考察，最终得出的结论是：玛雅文明是因为内部争夺财富及权势而自相残杀毁灭的。

这个神秘的民族在南美的热带丛林中建造了一座座规模宏大的巨型建筑。当人们将雄伟壮观的蒂卡尔城用电脑做出复原图时，许多现代城市的设计师都自叹不如。建于公元 7 世纪的帕伦克宫，宫

玛雅古城遗址中的碑铭神庙。

安第斯山脉。

殿长100米、宽80米。乌斯玛尔的总督府，由22500块石雕拼成精美的图案，结构非常精确。奇琴伊察的武士庙，屋顶虽已消失，那巍然耸立的1000根石柱仍然令人想起当年的气魄。这一切都使人感到，这是个不平凡的民族。随着对玛雅文化的进一步考察，人们又惊奇地发现，几千年前的玛雅人竟有着无与伦比的数学造诣，有着独特的谜一样的文字。而且奇琴伊察、蒂卡尔、帕伦克等地的巨型建筑也并非出自玛雅人实际生活的需要，而是严格依照神奇的玛雅历法周期建造的。

玛雅文明基本上属于新石器时代和铜石并用时代，玛雅人一直不会用铁，工具、武器全部是石制和木制，黄金和铜在古典期的末期才开始使用，他们的农业技术非常原始，耕作简单，不施肥，也不会蓄养家畜，直到玛雅文明后期才有水利灌溉。不同村落和地区间有贸易往来。虽然如此，但玛雅人的建筑工程却达到了古代世界的最高水平，他们能对坚硬的石料进行雕镂加工。玛雅建筑布局严谨、结构宏伟，其金字塔式台庙内以废弃物和土堆成，外铺石板或土坯，并设有石砌梯道通往塔顶。其雕刻、彩陶、壁画等皆有很高的艺术价值。著名的博南帕克壁画表现贵族仪仗、战争与凯旋等，人物形象千姿百态，栩栩如生，是世界壁画艺术的宝藏之一。

玛雅人笃信宗教，文化生活富于宗教色彩。他们崇拜太阳神、雨神、五谷神、死神、战神、风神、玉米神等神祇。太阳神居于诸神之上被被尊为上帝的化身。另外，还盛行祖先崇拜，相信灵魂不灭。玛雅的国家机关还管理宗教事务，国家的首都就是宗教中心。

玛雅文明的早期阶段围绕祭祀中心形成居民点，古典期形成城邦式国家，各城邦均有自己的王朝。社会的统治阶级是祭司和贵族，国王世袭，掌管宗教礼仪，规定农事日期。

玛雅文字最早出现于公元前后，但是第一块记载着日期的石碑却是于公元 292 年，在蒂卡尔出土的。玛雅文明的另一独特创造是象形文字体系，其文字以复杂的图形组成，一般刻在石建筑物如祭台、梯道、石柱等之上，刻、写需经长期训练。现在已知的玛雅字符有八百多个，已有 1/4 左右的字符被语言学家解译出来。

玛雅人在数学方面的造诣很深，他们至少在公元前 4 世纪就掌握了“0”这个数字概念，比中国人和欧洲人都早了 800 年—1 000 年。他们还创造了二十进位计数法。考古学家研究玛雅人的数字系统时，发现玛雅人的数字表达与算盘的算珠有异曲同工之妙。

玛雅文明的天文、数学都达到很高的成就。通过长期观测天象，到玛雅人已掌握日食周期和日、月、金星等的运行规律，约在前古典期之末玛雅人已创制出太阳历和圣年历两种历法。他们每天都记两历日月名称，每 52 年重复一周，其精确度超过同时代希腊、罗马所用的历法。

玛雅文明遗址中的壁画。

玛雅人把一年分为18个月，他们测算的地球年为365.2420天，现代人测算为365.2422天，误差仅为0.0002天，就是说约10000年的误差才仅仅一天。他们测算的金星年为584天，与现代人的测算50年内误差仅为7秒。玛雅人的历法可以维持到4亿年以后，他们计算的太阳年与金星年的差数可以精确到小数点后的四位数字。然而在这个登峰造极的高度文明诞生之前，玛雅人却一直巢居树穴以采集为生，这样的原始部落怎么能突然产生如此高度发达的文明？

1952年6月5日，人们在墨西哥高原的玛雅古城帕伦克一处神殿的废墟里，发掘出了一块刻有人物和花纹的石板。当时人们仅仅把它当做玛雅古代神话的雕刻。但到了20世纪60年代，人们乘坐宇宙飞船进入太空后，那些参与过宇航研究的美国科学家们才恍然大悟：帕伦克那块石板上雕刻的，原来是一幅宇航员驾驶着宇宙飞行器的图画！虽然经过了图案化的变形，但宇宙飞船的进气口、排气管、操纵杆、脚踏板、方向舵、天线，软管及各种仪表仍清晰可见。这幅图画的照片被送往美国航天中心时，那些宇航专家们无不惊叹，一致认为石板上雕刻的图画就是古代的宇航器。这似乎令人难以置信，但却是确凿的事实。于是，有些学者提出了一种大胆的看法：他们认为，在遥远的古代，美洲热带丛林中可能来过一些具有高度文明的外星智能生命，他们教给了尚在原始时代的玛雅人各种先进知识，然后又飘然而去。这些外星智能生命被玛雅人认为是天神。玛雅文化中那些令人难以理解的高深知识，就是出于外星人的传授。帕伦克石板上的雕刻，也是玛雅人对外星宇航员的描摹。外星人离去时，曾向玛雅人许诺他们将来还会重返地球，但在玛雅人期盼祭司预言天神返回的日子里，这些外星智能生命并未返回。于是导致了玛雅人对其宗教和祭司统治丧失了信心，进而引起了整个民族精神信仰的崩溃，终于使人们一个个离开故乡，各自走散。玛雅文化就这样消失了。也许人们会指责这种看法带有过多假说意味。但即使否定了这种说法，也仍然无法圆说玛雅中文化神秘的内涵，那众多令人不可思议的奇迹，以及它突然消失的原因。

玛雅的金字塔是仅次于埃及金字塔的最出名的金字塔建筑。它们看起来不太一样，埃及金字塔是金黄色的，呈四角锥形。玛雅的金字塔刚稍矮一些，也是由巨石堆成，石头是灰白色的，整座金字

帕伦克遗址。

塔也是灰白色的，它不完全是锥形的，顶端有一个祭神的神殿。玛雅金字塔四周各有四座楼梯，每座楼梯有 91 阶，四座楼梯加上最上面一阶共 365 阶，刚好是一年的天数。除了阶梯数目外，金字塔四面各有 52 个四角浮雕，表示玛雅的一世纪为 52 年。

玛雅的天文台也是充满特色的建筑物。以今天的眼光来看，无论是在功能上还是外观上，玛雅的天文台与现在的天文台都十分类似。凯若卡天文观测塔是遗迹中最大的天文观测塔，其他遗迹中也有类似的建筑。他们在位置上都与太阳及月亮对齐，近年来考古学家认为古时候玛雅的天文学家建立了一个地区性的天文观测网。

这些建筑物以今天的角度看也足以令人称奇。以玛稚金字塔来说，如何切凿巨大的石块，将其搬运到丛林的深处，再把一块块十几吨的石块堆积起来，堆高至 70 米处，要是没有先进的交通工具及起重设备，是难以完成这项工作的。而生活在丛林里的民族，为什么要花这么大的功夫，建立一个天文观测网？在欧洲，望远镜是伽利略于 16 世纪时才发明的，接着才有大型天文台的出现，而天文观测网的观念是近代才出现的，这样的观念可以说是相当先进。由此可以肯定，玛雅人当时的科学与今天相比毫不逊色。

## 玛雅文明神秘消亡

阿兹特克人首领的头饰。

玛雅文明最大的谜是为何从热带雨林的丛林深处突然消失？在公元 600 年时，整个玛雅民族离开了辛苦修建的城池，舍弃了富丽堂皇的庙宇、庄严巍峨的金字塔、雕像整齐排列的广场和宽阔的运动场。玛雅文明开始衰微的最明显征兆是不再雕刻石碑；以蒂卡尔而言，当

科潘玛雅遗址。

地最后一块石碑完成于公元 869 年，整个玛雅文明区最后一块石碑则完成于公元 909 年。不仅如此，神殿、宫殿等最足以代表玛雅文明的建筑也不再兴建，彩陶也不再制作，一般民众也很少兴建新房舍，城市四周的人口急剧减少。

蒂卡尔城位于危地马拉东北部的佩腾丛林中，它是玛雅文化的中心之一，这座城市面积达 50 平方千米。城中央是祭祀和行政中心，附近建有台庙、宫殿等建筑群。这些建筑充分展示了玛雅文明的瑰丽和辉煌。大约在二千六百多年前蒂卡尔还毫无名气，当时的玛雅文明正处于前古典时期，但它后来崛起为低地中部重要的贸易中心，成为玛雅文明于公元 8 世纪进入古典时期的典型代表。刻有象形文字的、庄严的石碑或纪念碑、迷宫似的宫殿和宏大的神庙，这些都展示出这座城市的磅礴气势。

公元 8 世纪后，玛雅人居然任由枯草蔓藤侵入城市的住宅和街区，蒂卡尔变成了一片废墟。究竟发生了什么重大变故，使得玛雅人抛弃了如此美丽的家园？虽然历史上也常有民族因战争而灭亡，但历史学家认为玛雅人的城市既不是毁于战火，也不是毁于天灾。

据说玛雅人在公元 909 年的一天，80% 的人口突然消失了，仅留下未建好的寺院。然后，自那天起，祖先的睿智也急速消失，残留下来的玛雅人开始变得无知、颓废。他们一边叹息，一边为执法人的消失而悲伤。

从 10 世纪初期至 1492 年发现美洲大陆的约 600 年间，中美洲的居民深陷于因无知而起的战争，以及颓废的深渊中。16 世纪西班牙人进入尤卡坦半岛之前，只有一种玛稚语，却已分化成 27 种方言。

在蒂卡尔遗址上，考古学家发现许多覆盖于岩石及崩塌的拱形屋顶之下的坟墓，却未发现任何修复的迹象。附近神殿和宫殿的壁画也受到严重的破坏，石雕人像的脸部多半被削掉，石碑也被移作其他建筑之用。这些现象证实有外族入侵，玛雅人根本来不及抵抗便溃退了。也有一些学者认为在尤卡坦半岛，玛雅人于西班牙人入侵之前，就因流行病与内乱衰亡了，可是有关9世纪时丛林玛雅帝国的灭亡，却至今毫无线索可追寻。

有学者认为是因为玛雅帝国城内粮食不继，建于丛林中的玛雅帝国，在发觉此地无以为生后，便做了一次种族大迁徙，来到奇琴伊察定居，又绵延两个世纪才灭亡。也有学者认为，玛雅帝国外受游牧民族的袭击，内部则因发生动乱，整个帝国在遭受巨变后，居民溃退逃散，然而为何胜败两方都走得无影无踪？没有人能够找到合理的答案。

玛雅文明消失的原因众说纷纭，大多数人相信当时遭受地震、飓风的侵袭，加上人口爆炸、粮食不足、农民暴动和异族入侵等原因，造成玛雅文明的衰亡。但是，确凿的答案还未知晓，还有待后人去努力探索。

尤卡坦半岛的奇琴伊察金字塔。

# 兴盛时期的阿兹特克文明

墨西哥城是墨西哥合众国的首都，墨西哥城面积达 1500 平方千米。它集中了全国约 1/2 的工业、商业、服务业，是全国的政治、经济、文化和交通中心。墨西哥城的历史可以追溯到阿兹特克人建立的特诺奇蒂特兰城。

## 阿兹特克文明简介

阿兹特克文明是生活在古代墨西哥的阿兹特克人所创造的印第安文明，是美洲古代三大文明之一，主要分布在墨西哥中部和南部，14 世纪初形成，1521 年为西班牙人所毁灭。

阿兹特克人原属纳瓦语系发展水平较低的一个部落，后来因融合了其他印第安部落的优秀文化而迅速兴起。11 世纪—12 世纪，阿兹特克人从北方迁入墨西哥中央谷地，1325 年建造特诺奇蒂特兰城。

1426 年，阿兹特克同特斯科科、特拉科潘结成了“阿兹特克联盟”，由阿兹特克国王伊兹科亚特尔任首领，国力渐渐强盛，在谷地建立起霸主地位。继承人莫克特祖玛一世及其后的国王不断对外扩张，至 16 世纪初发展到极盛时期，其疆域东西两面已抵墨西哥湾和太平洋沿岸，北与契契梅克为邻，南至今日的危地马拉，人口约三百万。1519 年，西班牙殖民者利用印第安人的

阿兹特克太阳石。

阿兹特克雨神。

内部矛盾，进攻阿兹特克，其国王莫克特祖玛在入侵者面前软弱无能，最后沦落为西班牙殖民者的傀儡，于1520年6月劝人民投降时被群众击伤而死。科尔特斯在所谓“悲惨之夜”侥幸逃命后，又于1521年卷土重来。在新国王库奥特莫克率领下，阿兹特克人与攻城的西班牙殖民者展开生死较量，最后由于粮水匮乏再加之天花肆虐而失败。1521年8月，特诺奇蒂特兰被西班牙人占领，侵略者在城中大肆屠杀，并将该城彻底毁坏，后在其废墟上建立墨西哥城。

## 阿兹特克文化

阿兹特克文化的发展受玛雅文化的影响较大。与其他美洲印第安人一样，阿兹特克人主要的谋生手段是农业。玉米是主要农作物，手工业和冶炼业也很发达。文雅的服饰、精美细致的棉织品、精良素雅的陶器、各种青铜制品，无不闪耀着阿兹特克文化独特的光芒。阿兹特克文化的发展促使这个最晚进入“墨西哥峡谷”的部落得以快速兴起并凌驾于周围其他部落之上，成为该地区显赫一时的霸主。

继特奥蒂瓦坎之后，图拉也日渐衰败，唯有托尔特克人的势力日益强盛，并逐步向四周拓展，其中一支流落到阿兹特兰（意为“苍鹰栖息之地”），并在此建立了都城，人们便称他们为阿兹特克人，即“苍鹰栖息之地的居民”。

阿兹特克人的首领莫克特祖玛有两个儿子，他临终时把都城交给了长子圭斯特卡斯管辖。幼子墨西为了避免与兄长发生冲突，加之怀念故土图拉城，遂于1069年率领七个氏族从居住地出发南下。

1146年，他们终于回到了故乡图拉。然而，这时的图拉早已被其他部落所占据。阿兹特克人在图拉住了20年，虽然付出百般努力，但最终还是没能收复故土，因为统治图拉的部落十分强大，无论阿兹特克人用战争还是和平的手段都无法取胜。然而他们又不甘于被统治，于是，便决定继续南下，深入墨西哥峡谷内部，继续寻找新的安身之地。经过一段时间的长途跋涉，最终在恰布特贝克地区定居。阿兹特克人经过多年的开发，使恰布特贝克变得生机盎然。这引起了附近德巴纳克部落的恐惧，德巴纳克人联合了另一个部落，在一天夜里偷袭了阿兹特克人。毫无防备的阿兹特克人，被杀得七零八落，最高首领也被俘遇害。劫后余生的人们只好逃到了一个新的地方重新聚集起来，选出新的最高首领，名叫特诺契。后来阿兹特克人在其首领特诺契的带领下沿着一条小河来到了特斯科科湖中的一个长满芦苇的小岛上。次日清晨，特诺契和一名祭司登上高处观察地形，两人走了没多久，看到溪水中的青石上居然生长着一棵巨型仙人掌，顶端立着一只双翅展开，口衔一条青蛇的老鹰，它先是静止不动，看见有人来竟频频点头致意。见此情景，首领和祭司也连忙躬身还礼。然而，就在这时，忽听"扑通"一声，祭司跌入水中，随即消失在浪花里。特诺契见状，惊恐万分，急忙拨开芦苇去搭救，却未见祭司的踪影。这时，大家正在翘首盼望，见首领归来，连忙上前询问。当他们得知事情的原委后，都很诧异，不知吉凶。正当他们一筹莫展之际，祭司却突然出现在人们眼前。众人又惊又喜，忙围拢过去，只见祭司满脸喜气，随后有声有色地讲述落水后的情景。据说他受特拉洛克神的邀请，前往拜谒，受到了殷勤款待，并说神祇指派他来迎接众人，欢迎他们在此岛定居。阿兹特克人听到这里，欢呼雀跃，便决定以岛为家。

阿兹特克雕像。

特诺奇蒂特兰城有近200年的历史，

阿兹特克的神秘头像。

它是阿兹特克人勤劳和智慧的结晶。它四面环水，青波涌动，城内建筑宏伟，仅金字塔就有四十余座。全城红墙碧瓦，草木扶疏，阳光照耀之下，绚丽多彩，宛如一座“水上花园”，令人神往。

特诺奇蒂特兰城的城市建设是有着长远的规划的，并非盲目、自流地发展。首先阿兹特克人在岛中央建起庙宇，并以此为中心修建两条交叉大路，将全城分为四个市区，14 个氏族分区居住。1454 年市内开始大规模修建，大型建筑物多集中在城市的中心地区，其中以特拉德洛尔克神庙和大庙两大建筑最为宏伟。特拉德洛尔克神庙是一座高 35 米的大型金字塔，与托尔特克人的金字塔式样相同，塔基很高，有两排 120 级的台阶。塔上一侧是战神——乌依特希洛波特里神庙；另一侧是特拉洛克神庙。两神庙之间有一块浮雕圆石，传说是举行人祭时挖心用的。

酋长和贵族的住所是市中心的宫殿，宫殿的屋顶极高，有几个较大的院落，主要的一个院子里设有祭台。普通居民的房屋都离市中心较远。虽然这些房屋比贵族们的住宅小得多，但每家每户也都有一个院落，院子里种满了花草，这是特诺奇蒂特兰居民的传统。四季盛开的鲜花，郁郁葱葱，装点着特诺奇蒂特兰城。

特诺奇蒂特兰城市建设有两大工程，至今令人叫绝。一是防洪大堤；另一大型工程是引水渡槽。因为湖水盐分过多，水味咸苦，居民们饮水只能依靠岛上的几处泉水供给。伴随城市的持续发展，水源日渐匮乏，阿兹特克人决定从陆上其他部落境内引水到岛上来。得到当地友好部落的允许后，用石灰和石块建槽。他们先在陆地和湖岛之间的水底打下两排等距离的木桩，再向木桩间投入石块，修成一条宽十余米的湖中大道，有人称之为堤道。堤道高出水面两米，每隔一定距离留一个缺口，使湖水、船只自由通过，缺口上面铺着木板，使堤道相连，遇到紧急情况时，可迅速抽掉这些木板。据说这项工程历经了 12 年才完成。

# 如太阳般耀眼的印加文明

作为太阳之子的印加人，在美洲大陆上，用他们的聪明才智建立起一个伟大的文明。古老的印加帝国是一个神秘的国度，关于黄金与财宝的传说使其披上了金黄的色彩；不朽的巨石建筑更加见证了它们的兴衰与成败。

## 印加文明的简介

印加文明是南美洲古代印第安文明。“印加”意为“太阳之子”，是其最高统治者的称号。15世纪起印加帝国势力强盛，极盛时期的疆界以今天的秘鲁和玻利维亚为中心，北抵哥伦比亚和厄瓜多尔，南达智利中部和阿根廷北部，首都在秘鲁南部的库斯科。16世纪初，由于内乱，印加帝国日趋衰落，1532年被西班牙殖民者灭亡。

古代印加帝国末代国王阿塔瓦尔帕画像。

经考古学家证实，上述地区约在公元前8000年便出现了农业。在公元前1000年中后期，当地形成了发达的农业文化，奠定了印加文明的基础，阶级和国家的最早形式出现了。这标志着印加文明开始形成。

太阳是印加人崇拜的对象，他们自认为是太阳的后代。库斯科城中的太阳神庙（金宫）是全国的宗教中心。每逢农事周期的各个节日，这里都要举行祭典，主要以动物来祭祀神，但当印加王出征或发生巨大自然灾害时，则用活人祭祀。

与美洲大陆上另一著名古文明玛雅文明一样，印加文明也是著名的美洲古文明之一。如果用今天的地图来标识，印加的地域范围大约是以秘鲁为中心向外延伸。但今天的秘鲁与当年的印加帝国相比，范围要小许多。

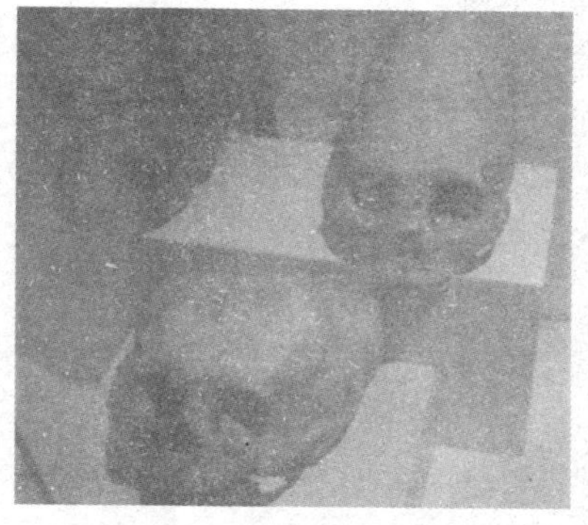

印加博物馆中的印加人头骨。

## 经济制度

印加文明的经济以农业为基础，农业以土地和水利工程为根本。

印加帝国的土地均为国王的财产，由政府分配给农民耕种。土地划分成三部分：庙宇土地、政府土地和农民土地。这三部分土地均由农民耕种。农民首先耕种庙宇土地，接着耕种政府土地，最后耕种自家的土地。农民耕种的土地面积的大小会根据一家人口数量及其他需要而定。

农忙时节，农民们会互相帮助。哪家若劳力短缺、生病、残疾或从军在外，其他村民都会主动帮忙。有时政府官员也会出面组织人力帮忙，目的是不让一分可耕之地撂荒。

水利是粮食生产的命脉。沿岸河谷地带整沟修渠、山区筑坝、修导水槽、引水灌溉平川庄稼地和梯田。沟渠纵横，灌溉网络连片，导水槽长达一百余千米。据此，有些学者称印加文明为“灌溉文明”，这是不无道理的。

印加帝国也注重发展畜牧业。政府同样划出专门牧场，也为三部分：庙宇牧场、政府牧场和农民牧场。庙宇牧场上饲养的羊驼、骆马主要用于献祭；政府牧场上放牧的羊驼和骆马主要用于产毛；农民每家最多只能饲养十只羊驼和骆马，

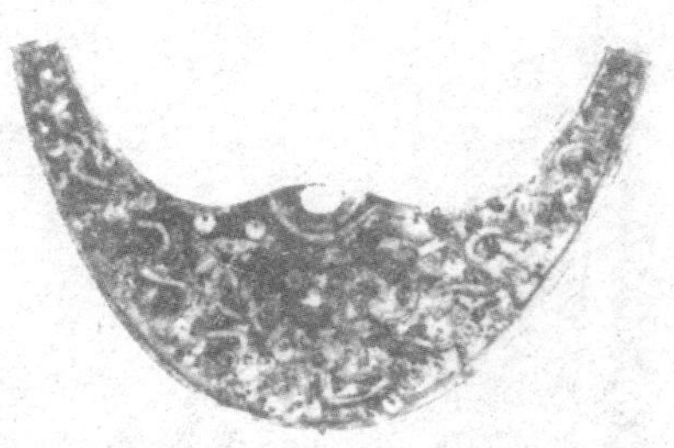

代表印加文明的手工制品。

主要用于运输。除了羊驼和骆马外，印加境内没有其他大牲畜一农民家只豢养狗和豚鼠；有些地方还放养着一种鸭，当地称之为“麝香鸭”。

印加文明的农业十分发达。

## 政治制度

印加帝国实行强有力的中央集权制。全国的经济生活、宗教活动和社会生活由国王和中央政府控制。

中央集权制得以实行的保证是有一个完整的行政体系和交通信息网。

1. 行政体系

印加帝国本名塔万廷苏约（意为“四个联合在一起的地区”）。全国分为四个大区（苏约）：钦查苏约，包括今厄瓜多尔和秘鲁北部地区；安蒂苏约，包括安第斯山脉以东地区；孔蒂苏约，包括今秘鲁南部沿岸地区；科利亚苏约，包括玻利维亚高原、阿根廷西北部和智利北部。大区下设若干行省，各省建有省会。各省又分为两个专区，专区由若干村落组成。

2. 交通信息网

印加帝国全境有一个交通网，以首都为中心，全国形成了一个

巨大的信息网络。

印加帝国有两条大道纵贯南北。大道沿途设有供信使歇脚的驿站。道路除用于传递信息外，还可用于军队的调动、粮草的运送、商品的运输、国王和政府官员的出巡等。

印加帝国的海上交通不发达。南部沿岸地区和的的喀喀湖有用芦苇绑成的筏子；北部沿岸地区有独木舟，可用于沿岸运输。

3. 世袭制

印加帝国的世袭制是指政治、社会阶层的父子承继而不是王位的父子承继，即原先各国统治阶层的子嗣承继，他们享有的特权世代相承。原先各国的国君要将子嗣送到库斯科接受教育，以示效忠。这些国君的子嗣们学成后会返归故里，继承父位，继续为帝国服务。

4. 移民制度

帝国实行“米蒂马制”（移民制度），将新被征服而又不服统治的村落（氏族公社）或国家迁到政治、社会相对稳定的地区；将归顺、效忠印加帝国的村落（氏族公社）和国家迁至新近征服的地区。这一制度保证了帝国对被征服地区的控制，又促进了印加语言和宗教的传播。但移民们原来的宗教、服饰、习俗等仍保留了下来。

## 宗教制度

印加帝国的宗教体制与政权体制是平行的。两者相互配合，以确保帝国的统一。

原印加帝国的主神是帝国的国神，名为“维拉科查”。它是创造之神，是其他神灵和包括天、地、人类在内的万物的创造者，也是人类文明的创造者和传播者。在完成创造后，他以自己的斗篷为舟楫逍遥入海，将世界交给其他神灵管理，这些神灵以太阳神为首。太阳神是庄稼的守护神、国王的祖先，代表维拉科查统治世界。所以，帝国的国神是维拉科查的代表太阳神。作为太阳神后代的国王也就成了太阳神在人世间的代表，他代表太阳神统治帝国。

印加人信奉自然神，对世间万物均奉若神明。一个地方（诸如山顶、洞穴、泉眼、大海、湖泊等）、一件物体（诸如一块石头、先人的遗物等）均成了神祇、神物。神灵无数，但它们又各有等级。

最高者是国神，以下依次为村落（氏族村社）之神、家庭之神。国家级的神灵还有雷神和月亮神。雷神主司降雨；月亮神是太阳神的妻子，主司农事节气。

国王在全国各地建筑太阳神庙以统一信仰，加强统治。神庙内除供奉太阳神，还供奉各地方的主神，由贵族出身的贞女为之服务。太阳神庙是各地的主要神庙，同时，还有其他地方性的神庙。神庙只供奉神祇，不举行典礼。

印加人使用的的陶器。

## 军事制度

印加帝国实行征兵制。兵源来自所有顺从的省份。军队由王室成员指挥。

加强对被征服国家的政治控制和保证赋税的征收，是帝国军队的主要任务，此外，帝国军队的另一个任务就是镇压暴乱和反抗。

所有战俘和战利品一律上交政府官员处理。官兵一律不得将被俘人员沦为自家的奴隶；祭司不得用俘虏献祭。

官兵论功受赏，赢得荣誉和某些特权。